U0456031

水西·书系
SHUIXI SHUXI

一个人是千万人的出发点

叩鐘問道

一位特级教师的初心与追寻

潘文彬 ——著

山西出版传媒集团　山西教育出版社

目 录

第三辑
务本·回归本真的语文

第四辑
守真·营造真实的课堂

第五辑

省思·洞见成长的智慧

第六辑

观照·汲取行者的思想

附　录

序言

成功"三宝"

文彬老师属马，我属相为龙。我们出生在同一个年代，拥有不少相同的成长记忆。不同的是，年龄上我长他两岁。汗颜得很，这几十年走过来，在近耳顺之年，我依然还是一位成就不高的大学老师，而他却"从毛头小伙，成长到特级教师、人民教育家培养对象"（袁浩先生语），在教学与研究、事业与人生等方面都取得了较大的成功和广泛的社会认可。

文彬老师是语文教学名师、全国优秀教师，正高级教师。成尚荣先生说，他"很实在""很有见解"；袁浩先生讲，他是"语文教学道路上的苦行僧""语文研究高地上的思想者"和"语文教师成长航道上的摆渡人"；黄伟教授则言，他比常人能更深刻地"理解儿童""理解课堂""理解学习"和"理解课程"；而江苏省中小学教学研究室小学语文教研员李亮认为，他是一位难得的"清醒的教育者"。

文彬老师在反思总结他的成长经历时曾说，坚持不懈地自我提升和明志修身乃是防止懈怠和确保创造活力的关键所在。"在近四十年教育探索中，我愈来愈深切地感觉到，教师自我成长的内驱力是其专业成长的原动力。这就好比打开鸡蛋的方式，从内部打开，获得的是生命，而从外部打开，得到的是食物。"文彬老师还有五个"故我在"，从中我们也许能够一窥他的成功之道。这五个"故我在"，一为"我爱故我在"，爱事业、爱学校、爱学生，乃是教师的为师之本；二为"我思故我在"，教师应成为一位有思想的智者，教师本人要带头去思考，只有自己首先热爱思考，才能带动学生去思考；三为"我行故我在"，教师既要确立自信，相信自己能行，又要敢于行动，要在不断"行走"的过程中，增进自身的教学智慧；四是"我研故我在"，教师研究既是教师专业成长的需要，也是解决教育教学过程中实际问题的需要。研究能为教师成长赋能；五是"我合故我在"，我们只有与人合作、协同攻关，才能获得更大的前行力量。

实际上，人生成功从某种意义上讲是一件具有机缘巧合的很复杂的事情。人生是否顺遂、事业能否成功，往往受到变动不居的环境中那些不确定性力量的综合影响。我们今天看起来的那些势必如此的成功中也糅合了相当的偶然。冯友兰先生在谈及人生成功条件时说过，"才、力、命"三因素最为重要。"人生所能有的成就有三：学问、事功、道德，即古人所谓立言、立功、立德。而所以成功的要素亦有三：才、命、力，即天资、命运、努力。学问的成就需要才的成分大，事功的成就需要命运的成分大，道德的成就需要努力的成分大。"（冯友兰著，《冯友兰随笔 理想人生》，北京大学出版社2007年版，第43页）人生的成功既有赖于个人的天资才气和勤奋努力，也取决于个人的命运遭遇。按照冯友兰先生的说法，这里的命运，并非旧时的卜卦算命迷信，而是一个人一生中能够拥有的机会，是如"儒家所讲的命，乃指人在一生之中所遭遇到的宇宙之事变，而且又非一人之力所可奈何的。"（同上，第47页）文彬老师之所以能够成为语文教学名师，不能不说与他1982年中考有幸被南京晓庄师范学校录取有关，也不能不说与他1985年毕业分配到南湖第一小学而巧遇知人善用的刘道方校长有关，甚至还不能不说与他在解答教学困惑中偶然接触到俄国学者什克洛夫斯基提出的"陌生化"理论有关。正是在晓庄师范的学习经历，让他有了成为教师的基础和定向；正是刘道方校长的鼓励、欣赏和支持，让他有了尝试语文教学的勇气和信心；正是什克洛夫斯基的"陌生化"理论，让他茅塞顿开，开启了他一生以"研究"赋能，助力教学发展的职业生涯。

当然，这样说并不意味着只有命运才重要，个人的才质、努力也是必不可少的。亦如冯友兰先生所讲，"以上才、力、命三者配合起来，三者都必要而不同具，也就是成功需要三者配合起来，没有时固不成，有了也不一定成"。（同上，第47页）可以想见，1982年晓庄师范学校招生两百多人，大家大都同命运、有才气，也都努力，但如文彬老师这样的卓越者，还是少之又少的。某种意义上讲，尽管文彬老师的成功很难复制，但从其背后诸多的偶然性中，我们还是能够发现一些昭示着今后教师专业发展方向的必然选择。我将这种必然选择称之为文彬老师的成功之道，仿照老子的"我有三宝"表达式，我将个人所认识到的文彬老师的成功之道表达如下：他有三宝，持而保之：一曰善学，二曰勤思，三曰乐群。善学，故能出新；勤思，故能清醒；乐群，故能长久。

善学是在好学、乐学基础上发展起来的一种为学品质，是对好学、乐学的更高层面的检验和表征。《论语》中讲学习者有好学与乐学之分，"知之者不如好之者，好之者不如乐之者"。而《礼记·学记》则说学习者存在"善学者"与"不善学者"之别。"善学者，师逸而功倍，又从而庸之；不善学者，师勤而功半，又从而怨之。"文彬老师无论是在做学生还是在初为人师时抑或是成为名师后，他的好学和乐学皆是有目共睹的。不仅如此，他的善学更是为人共知。正是他的好学、乐学和善学，使得他总能在平常处见不平常，如此，创新之见也总能被他源源不断地阐发出来。譬如，面对传统评价囿于横向比较的缺失，造成"少数人得到了认同，多数人则是陪客，他们在陪跑的过程中失去了信心，难以享受到学习的快乐"的难题，文彬老师提出了在课堂上要更多地尝试积极的、饱含鼓励倾向的纵向性评价。"课堂教学评价要尽可能多一些个体的纵向比较，少一些群体的横向比较；纵向比较，评价出的是学生自己学习的变化和进步，能够增强学生的自信心，而横向比较，评出的是学生之间的差距，容易挫伤部分学生的信心。"这种尊重个体、关注差异、以人为本的评价理念，无疑是他的创新智慧和育人情怀的体现。

勤思则是确保教师见解独立，避免鹦鹉学舌、人云亦云的有力武器。人是能够思考、思想的动物。孟子说："耳目之官不思，而蔽由物。物交物，则引之而已矣。心之官则思，思则得之，不思则不得也。"文彬老师在语文教学和办学施教中之所以能够始终保持清醒，与他的勤思天性是分不开的。他这样讲道："自走上工作岗位，我就努力做一根会思考的芦苇，养成一种勤于思考和善于研究的习惯，力求在平凡的工作中多一些思辨的味道，在平常的教学中多一些研究的色彩，让自己在常态化的教育教学中找寻到属于自己的句子，体会到探寻教育教学真谛的快乐与幸福。"正是因为勤思，他提出了"守护儿童天性"的教育主张，其主旨就是要回应、应对那些学校教育中"有意无意地压制甚至摧残儿童的现象"；正是因为勤思，他形成了"回归朴素"的教育思想，其主旨就是为了破解教育的内卷与功利化问题。文彬老师认为，回归朴素的教育要以一种朴素的思想来认识教育，要以一种朴素的情感来拥抱教育，还要以一种朴素的方法来践行教育。回归朴素的教育，本质上可视为一种"道法自然"的教育。他如此强调："回归朴素，不浮夸，不虚假，不做作，这当属教育的应然追求。"

乐群是一种与师生、同事同行共创互享的信念和为人处事的德行。《礼记·学记》中说，"一年视离经辨志，三年视敬业乐群"。对于领导者而言，所谓乐群，就是合群，就是要始终牢记并做到从群众中来和回到群众中去。孟子非常看重乐群这种领导品质，他在颂扬虞舜时就特别突出了舜帝身上所展露的合群特性。孟子这样讲道，"大舜有大焉：善与人同，舍己从人，乐取于人以为善"。文彬老师深知，作为一名语文老师和办学施教的负责人，乐群在激发教师的工作热情和凝聚人心上的重要性。他很早就认识到了集体合作、互学共研同成长的价值意义。他早年在南湖第一小学工作时就先后组建了知名度很高的"M4"和"F6"团队；十年前经他倡导和筹划，又组建了跨区域协作共进的"攀·灯"语文工作室研究联盟。文彬老师坚信，"独学而无友""完美靠合作"，一个人再强大、再优秀，也难以支撑起一个学科、一所学校的长久发展，只有"一群人在一起，才能行稳致远，创造奇迹"。一花独放不是春，百花齐放春满园。他是一个有境界、有厚爱的学科领航者和校长，他重视为同事、为后学创造机会，搭建发展平台，他所带的徒弟中先后有多人获评"江苏省特级教师""南京市语文学科带头人"。袁浩先生这样评说文彬老师，"行走在语文路上，文彬心中始终挂着'大我'，文彬的'大我'不只瞄准于校园内的'身边人'，他乐善好施于每一个有潜质、有愿景的语文人"。

我们身处一个伟大的时代，迈向教育高质量发展正在成为全体教育人的新追求。文彬老师与时俱进，在与时代共舞中谱写了他的智慧人生。他的成功既有偶然性，更有必然性。最后，我再强调一下，文彬老师有三宝，持而保之：一曰善学，二曰勤思，三曰乐群。善学，故能出新；勤思，故能清醒；乐群，故能长久。

是为序。

张新平

南京师范大学教授、博士生导师

2023 年元月 26 日

第一辑

寻梦·拥有自己的句子

追寻自己的教育梦想，享受着属于自己的
一种别样的幸福生活。

童年的课堂

1966年5月，我出生在南京北部一个山清水秀、民风淳朴的山村。这里是孕育歌谣的地方，著名的民歌《茉莉花》就诞生在我的家乡。

小时候，我的曾祖母最疼我，无论走到哪里，她都把我带在身边。曾祖母虽然没有念过一天书，也不识字，但是口才好，会唱歌谣，会讲故事。记忆中，我经常坐在她的身边，听她唱歌谣，讲故事。有时候，曾祖母把我搂在怀里，用甜润的嗓音深情地吟唱那些在家乡传唱的歌谣："好一朵美丽的茉莉花，芬芳美丽满枝丫，又香又白人人夸……""小老鼠，上灯台，偷油喝，下不来——老鼠老鼠你别急，抱个狸猫来哄你。"那歌声绵绵的，柔柔的，甜甜的，好似和煦的清风，吹开我的心扉，亦如潺潺的溪水，流进我的心田。有时候，曾祖母把我带到门前树荫下，绘声绘色地讲那些在乡间流传的故事：什么"劈山救母"呀，什么"木兰从军"呀，什么"大闹天宫"呀……这些引人入胜的故事，总是让我听得如痴如醉。

每当农闲或逢年过节的时候，村民们经常会把戏班子请到村里来唱戏。这时，锣鼓喧天，歌声悠悠，笑语盈盈，整个村子都沸腾起来了。从演员们那散发着乡土气息的朴素的表演当中，我知道了秦香莲的故事，知道了牛郎织女的故事，还知道了梁山伯与祝英台的故事。

小的时候，村里没有一家有电视，但家家户户都通上了有线广播。每天晚上，广播里有半小时的"评书剧场"。这是最让我期待、最让我开心、最让我幸福的时刻。因为这个时候我可以坐在家里或者躺在床上全神贯注地收听王少堂的扬州评话《武松打虎》、刘兰芳的评书《杨家将》《岳飞传》……他们的评书跌宕起伏，扣人心弦，令我心醉神迷。

家乡的灵山秀水、民风民俗也为我的童年抹上了明丽的色彩。

春天的乡村树木葱茏，麦苗青青，菜花金黄，蜂蝶翩跹，莺歌燕舞，美不胜收。这是挖野菜的最好时节。放学回来，我常常放下书包，拿起铲子，挎着篮子，约上几个小伙伴一起到田间埂头去挖野菜。在美丽的大自然中，我认识了不少野菜——荠菜开的是白色小花，枸杞要采新冒出来的嫩头，马兰头一长一大片……

乡村夏天的夜晚，轻柔得像薄纱，隐约得像烟雾。月光像水一样从天空中泻下来，静静地泻在村子里。田野上，萤火虫在翩翩起舞，那点点萤火与天空的闪闪星光相映成趣；池塘中，秧田里，蛙声一片；旱地上，树林里，虫鸣如潮。那"呱呱"声、"啾啾"声此起彼伏，一浪高过一浪，就像在表演一场盛大的音乐会。这时，我跟着父亲，打着手电，背着篓子，拿着自制的木头夹子，踏着轻柔的月色，到秧苗田边去捉那些在洞外休息的黄鳝。说来也怪，那一条条黄鳝，直直地躺在水田里，一动不动，用夹子很容易就能夹起它们。一个晚上的收获，足以让一家人美美地吃上一餐。

秋天的田野大豆摇铃，稻浪翻滚，一派丰收的景象。放学回来，我总会赶着鹅鸭到田间地头。鹅鸭摇摇摆摆地到地里去寻找散落下来的稻谷吃，而我则拿着课本坐在田边悠闲地背诵着当天学习的课文，或者翻看从小伙伴那里借来的小人书。那种感觉真是惬意极了!

冬天的乡村十分寒冷,我们坐在教室里读书常常冻了手脚。下课铃声一响,大家就蜂拥而出,跑进干冷的阳光里,站在教室前,搓搓手,跺跺脚,暖暖身子。最有意思的是,我们经常沿着教室外的土墙根一字儿排开来玩"挤油"的游戏。那嘻嘻哈哈的欢笑声直冲云霄。课间短短的十分钟,我们挤得浑身暖洋洋的,整整一堂课坐在教室里学习都不觉得冷。那场面,至今还时常浮现在我的眼前,历久弥新。

家乡最热闹的要数过年了,我最盼望的也是过年。过年,家家户户洒扫庭除,张贴年画,摆供祭祖;过年,男女老少换新衣、穿新鞋,走门串户,互相拜年;过年,整个乡村爆竹声声,龙灯飞舞,花船荡漾,歌声飘扬;过年,我还能得到长辈们给的压岁钱……

是呀,家乡的一山一水,一星一月,一虫一鸟,一草一木,一寒一暑,一时一俗,一丝一缕,一饮一啜,都融化为我童年的血肉,滋养着我生命的成长。

家乡给了我一个自由而烂漫的童年,给了我一种丰富而甜美的生活,也给了我对于自然、人世和文字的原初感受。

梦想的锚地

1982年6月的中考是我人生的一次抉择。在这个人生的转折点上，我选择了报考中等师范学校。最终，我以优异的成绩被南京晓庄师范学校录取。当时，全村的人都为我能够跳出"农门"而感到高兴，家里的人更是为我将来能成为一位人民教师而感到兴奋与自豪。

9月1日，我背着行囊，满怀憧憬，来到南京晓庄师范学校。一跨进校门，我就被那幽雅宜人的校园环境吸引住了。礼堂前的那方池塘里满是荷叶，有的叶子出水很高，亭亭玉立，好似一把把撑开的小伞，随风摇曳，好像张开手臂欢迎我们这些学子的到来。曲折迂回的林荫道两旁生长着一棵棵参天的梧桐树，风吹得叶子沙沙作响，像是在演奏着迎宾的乐曲。漫步校园，欣赏着那在绿树掩映下的古朴典雅的校舍，我周身都浸润在一股浓郁的文化氛围之中。我真庆幸自己能够在这样的一所学校里学习生活，抒写自己的青春和梦想！

当天下午，学校召集全体新生在礼堂里参加开学典礼。礼堂不大，布置得很朴素，内设一个小型的舞台，舞台的两旁悬挂着一副格外醒目的对联——千学万学学做真人，千教万教教人求真。坐在这样的礼堂里开会，这是我平生第一次经历，不免有些新奇和激动。我认真聆听着校长的演讲。他向我们详细地介绍了学校的办学历史。我这才知道晓庄师范是由伟大教育家陶行知先生创办的，是一所底蕴深厚、享有盛誉的师范学校。"捧着一颗心来，不带半根草去"是陶行知先生对一代代晓庄学子的殷殷期盼和谆谆教诲。

开学典礼过后，学校组织我们去参观坐落在礼堂后面的陶行知先生纪念馆。我怀着无比崇敬的心情走进纪念馆，看着陈列馆里的那一幅幅图片、一件件实物，听着讲解员讲述的那一个个感人的故事，我的心灵被震撼了。陶行知先生倡导平民教育，面向大众，不以学历取人，重视基本的劳动技能和劳动习惯培养，把社会当作一个大学堂，把学会做人放在教育的第一位。他为了教育事业四处奔波，不求回报。他虽屡遭重创，但毫不气馁，一次又一次地把他的教育思想付诸行动……走出纪念馆，一种使命感便从我心头油然而生：我一定要以陶行知先生为榜样，现在要好好学习，学做真人；将来去践行陶行知先生的教育思想，为人师表，教人求真。

师范里的生活对于我这个来自农村的学生来说，一切都是那样的新鲜。操场上，不时出现那生龙活虎追逐跑跳的身影；琴房里，时常传出那和着琴声引吭高歌的声音；就连每天在食堂窗口前排起的打餐长龙，我也觉得很有意思。

师范里的学习是文化课与专业课并举。老师们总是以一颗真诚的心对待我们，用他们言传身教的师表风范影响着我们，教育着我们。语文基础课上，老师引领我们研究语音，研究汉字，研究语法，感受着汉语言文字丰富的韵致和独特的魅力。文选课上，老师带领我们跟随着朱自清先生，走进清华园，欣赏朦胧月色里的荷塘之美；跟随着徐志摩先生，来到英国，在康河边深情地吟诵那回味绵长的《再别康桥》；在孙犁的《白洋淀记事》中，我们接受了抗日烽火的洗礼；在巴金先生的《家》里，我们看到了那腐朽的封建贵族正在走向崩溃。教材教法课上，老师指导我们研读教材，设计教法，模拟讲课，教我们在演练的过程中积累课堂教学的点滴经验……就是这一门门启迪心智的课程，洞开了我的心门，滋养了我的心灵，让我在获取知识的同时，掌握了必要的操作技能，接受了良好的师范教育。

以前，我在农村读书的时候，学习条件比较差，除了读语文、算术这些教科书外，没有读过其它什么书籍，所以我格外珍惜师范里的读书生活。平日里，我总是抓紧时间让自己能够多读一些书。课余时，我常常坐在阅览室里，在明亮的灯光下，阅读书刊，让自己的整个身心都沉浸在书海之中，心游万仞，思接千载，与文字对话，与智者交流，享受阅读给我带来的滋养。每逢周日，我总爱来空无一人的教室里读读书、练练字，一待就是大半天。这是一段悦人身心的美好时光，没有任何人打扰，就连从窗外照进来的阳光也是蹑手蹑脚的，唯恐惊扰了我!

三年的师范生活是短暂的，但是很充实，很幸福。菁菁校园，留下了我灿烂的青春印记，给予了我为人为师的人生底色。在晓庄——我梦想的锚地，语文教育之旅的航标已经在不知不觉中设定了。

美好的遇见

1985年8月，我从晓庄师范学校毕业后被分配到南京城区的一所小学任教。

开学前一天，我兴致勃勃地来到学校。刘道方校长热情地接待了我。他先帮我安顿好食宿等生活上的问题，之后与我谈起了工作的事宜。

"小潘，你是晓庄师范学校的优秀毕业生，欢迎来我们学校工作啊！"校长微笑着说。

"谢谢校长！希望您多给予我工作上的指导和帮助。"

"你能胜任哪个学科的教学工作？"校长问道。

我不假思索地回答："我最能胜任数学教学工作。"

"为什么呢？"校长追问道。

"因为在校读书的时候，我数学成绩在班上总是名列前茅；在基础学科中，我也偏爱'小学数学教学法'这门课程。"

"你不是普师毕业的吗？语文、数学都应该能教呀！"

听了校长的话，我的脸"刷"的红了。

"语文，我觉得比较难教，害怕自己教不好。我实习的时候，数学就比语文教得得心应手一些。"我又向校长解释道。

"那么，你的语文水平如何呢？"

"我喜欢读书，也喜欢写作。语文水平感觉还可以。"我回答道。

"看来，你是被实习遮蔽了眼睛啊！你语文水平不错，而且喜欢读写，我就不信你教不好语文啊！"听了我的话，校长用充满鼓励的语气对我说，"小潘，给你一次机会去挑战一下自己，怎么样？"

是啊，何不给自己一次机会，来尝试一下语文教学呢？校长的话触动了我。于是，我对校长说："如果学校需要，那我就试试吧。"

就这样，校长把四年级一班的语文课交给了我。

接受了校长的任务后，我就到办公室准备第二天要上的语文课了。

我清楚地记得，第七册语文书上的第一课是看图学文，题目叫《绿色的办公室》，讲的是十月革命前，列宁化装成割草工人隐蔽在拉兹里夫湖畔坚持革命工作的情景。怎么来教这篇看图学文，我很迷惘。于是，我就向有经验的老教师请教。他们告诉我，教学看图学文关键是要处理好"看图"和"学文"的关系，要把"看图"和"学文"有机地融合在整个教学过程之中，使"看图"和"学文"相得益彰，促进学生的发展。在老教师的精心指导下，我终于把这篇课文的教案写好了。晚上，我一个人又在宿舍里反复演练，希望第二天能够上好自己走上工作岗位的第一堂语文课。

9月1日，正式开学了。四年级一班上午的第一堂课就是语文。

当时上课的情景至今还历历在目。

讲台上，站着忐忑不安的我；讲台下，坐着一群可爱的孩童，他们都笑眯眯地看着我。那一张张甜美的面庞上，洋溢着儿童的纯真与烂漫；那一双双清澈的眼睛里，闪动着儿童的智慧，也写满了他们对知识的渴求。那一瞬间，一种"为人师表"的崇高使命感和责任感在我心中澎湃激荡。

　　简短的开场白后，我就开始按照教案给学生"讲"起课来（现在想来，那是地地道道的"讲课"）。学生们对我的课表现出了较大的兴趣。他们能够随着我的教学时而看图，时而读文，时而凝思，时而讨论……在教学过程中，尽管我有时有些手足无措，有时说话还不够连贯，甚至前言不搭后语，但是学生们在课堂上的表现让我抹去了初为人师的些许尴尬，让我感受到了初为人师的些许幸福，也让我找寻到了对语文教学的些许自信。

　　开学没两天，校长来听我的课。我上的是《三味书屋》这篇看图学文。这课堂，我完全是按照教案上的步骤来上的，学生思维不够活跃，自己也感觉教得很吃力。这堂课，我感觉特别漫长。好不容易熬到了下课，一种疲惫之感顿时弥漫过我的整个神经。心想，这回校长肯定要训斥我了。然而，校长非但没有指责我，反而表扬了我，说我语文功底扎实，对教材把握很准，分析得也很深刻，将来一定是个很不错的语文老师。当然，对于这堂课，校长也语重心长地指出："小潘啊，这节课，你太拘泥于教案了，对学生的课堂学习关注得不够。老师讲得太多，学生练得太少。这也不奇怪，每一位新教师都会遇上这些问题。今后，你如果能够注意这些问题，相信你的课一定会上得更好的。"

　　校长的话语极大地鼓舞了我。这时，我才意识到，语文并非是我的弱项，我原先畏惧语文教学，只是我对自己有点儿不自信而已。人生常常是一种遇见，我要感谢37年前老校长让我与语文教学的那场遇见。这种遇见改变了我，充实了我，也成就了我。

　　从那以后，不管遇到什么事情，每当我准备对自己说"不"的时候，我总是会问问自己，为什么说不？难道真的不行吗？给自己一次尝试的机会了吗？其实，很多时候给自己一个机会，就是给了自己一种幸福的体验，就是让自己多一条成功的路径。

别样的情愫

1985年8月，我怀揣着对教育的美好憧憬走上了教书育人的岗位。那一年，中华人民共和国第六届全国人大常委会第九次会议做出决议，将每年的9月10日定为教师节。而我，工作第一个年头的9月10日，便是中华人民共和国的第一个教师节。因而，我对教师节有着一种别样的情愫。

一

1985年9月10日，第一个教师节。这对于我这个刚刚走上工作岗位的新教师来说，可谓是一个非同寻常的节日。

记得那天早晨，我一走进教室，就看到了同学们绽开的笑脸，他们异口同声地说道："潘老师，教师节快乐！"同学们那饱含真情的祝福好似一股涓涓细流，从我的耳畔流入我的心间，涌遍我的全身，让我体悟到一种初为人师的幸福感和自豪感。那飞扬童心的灿烂微笑，那洋溢童真的深情祝福，就是同学们献给我的最珍贵的教师节礼物。时至今日，那温暖的场景依然清晰如初地出现在我的眼前，甜美又幸福。

上午第一节课是我的语文课，让我始料未及的是，校长又来听我的课了。

那堂课，我上的是《珍贵的教科书》这篇课文。课堂上，我是亦步亦趋地走教案，课上得相当吃力，存在着诸多问题。然而，听完课后，校长依然用温暖的话语鼓励我，指引我语文教学的方向，给予我当好语文教师的信心和动力。现在每每想来，校长选择在教师节这个特别的日子里再次来听我的课，是有着一种特别的意味和特别的期待的。这或许就是校长为年轻教师精心准备的一份最为特殊、最为珍贵的教师节礼物吧！

二

1994年9月10日，这是我工作的第10个年头里的第10个教师节。这个教师节，我获得了首批"南京市优秀青年教师"的称号。这是经过层层选拔、考核，"考"出来的一种荣誉。这个荣誉的获得，是对我过去9年的教育教学工作的一种总结和认同，但更是对我的一种激励与鞭策。回想过去那9年的教学工作，让我体会最为深刻的是，教学就是一种不断改进、持续优化的探索实践过程。

记得刚走上工作岗位的那几年，尽管我对语文教学抱着一丝不苟的态度，然而我的课堂教学总是难以引起学生的兴致。这让我苦恼不已。

我就直接向学生询问原因。

学生说："你上课总是老一套，没有什么新鲜感。"

学生们直白率真的话语让我感到汗颜，同时也使我茅塞顿开。

于是，我就下定决心，有意识地去寻求解决这个问题的办法。就在百思不得其解之际，我在图书馆里读到了俄国形式主义理论家什克洛夫斯基的《作为手法的艺术》这篇文章。什克洛夫斯基在文中提出了一种叫"陌生化"的理论。所谓的"陌生化"就是指把与人太切近的事物或现象从身边推陈出新，以造成似曾相识的生疏感，使丧失了感觉的语言变得生动起来。"陌生化"手法是以一种新颖的、独特的信息，引起人们无意注意的高度集中，不断打破或修正人们的心理定式，使人们的感受从麻木不仁和昏昏欲睡中惊醒过来，从而对周围的事物产生一种新的感觉和新的发现。

"陌生化"的理论，让我眼睛为之一亮。这真是"踏破铁鞋无觅处，得来全不费工夫"！于是，在市区专家的指导下，我尝试着把"陌生化"的理论，引进我的语文课堂，让我的语文课能够产生一种"陌生化"效应，吸引学生的注意力，引发学生的学习兴趣，提高课堂教学的效率。

因为寻求教学的"陌生化"，我的学生愈来愈喜爱我的语文课了；因为寻求教学的"陌生化"，我的学生愈来愈真切地体会到了语文学习的无穷魅力；因为寻求教学的"陌生化"，我感悟到了语文教学的真谛——备课要更加深入，目光要更加敏锐，思路要更加灵活，语言要更加鲜活，设计要更加新颖；因为寻求教学的"陌生化"，我感受到了做一个语文教师的幸福。

是的，年轻教师的专业成长，不仅需要有一种自我反思的习惯，也需要有一种自我解剖的勇气，更需要有一种探索的智慧和实践的定力。

三

2002年9月10日，这是我任教第18个年头里的第18个教师节。这个教师节，我获得了第8批"江苏省特级教师"的殊荣。

这次特级教师的评审，真的让我感动不已。

2001年下半年，我在东北师范大学参加为期3个月的国家级骨干教师的脱产培训。然而，这期间又恰逢江苏省第8批特级教师的申报、评审。

一日午后，燕钜霞校长打来电话动员我申报这批特级教师，这让我颇感意外和为难。因为我觉得自己比较年轻，在教学上还有许多需要提升的地方，深感自己离特级教师还有很长一段距离。于是，便想放弃这次申报的机会。校长知道我的心思，就在电话那一端耐心地开导我："你申报特级教师，不只是你个人的事情，更是学校发展的需要。机会是给有准备的人准备的，年轻人要善于把握机会，塑造自己，提升自己。你要有梦想，还是尝试着报报看吧。"校长的这番话，触动了我。就这样，我抱着尝试的心态申报了。

当时，我在长春，无法回南京整理自己的申报材料。邢跃武、祝瑞松、刘荃三位青年教师得知这个情况之后，就主动给我打电话，要我一定珍惜这次机会，并说我的成功也是他们的成功，申报材料由他们来帮我整理，保证让我满意。

2001年12月初，评审组的专家要来学校听我的课，开座谈会。时间紧急，而我又在东北。此时，校长又给我打来电话，让我乘坐飞机赶回南京，准备上课和有关备查材料。我对校长说："乘飞机，代价太大了，我还是坐火车回来吧。"校长说："火车太慢，飞机快。早点回来，可以准备得充分一点。"

让我意外的是，评审组在进行民意调查时，老师们说起我的成长事迹，个个情真意切，如数家珍。有的教师在讲述时眼里还闪着泪花……

更让我没有想到的是，这次申报我通过了，成为当时南京市最年轻的小学语文特级教师。

这一次次的意外，这一次次的感动，温暖着我的心房，荡涤着我的灵魂。是呀，一个教师的专业成长，怎能离得开领导和同事的关爱和帮助啊！

四

2006年9月10日，这是我工作以来的第22个教师节。这个教师节前的9月6日，《中国教师报》在头版以《一个好汉三个帮，团队的力量有多大》为题，长篇报道了我和我团队的成长故事。这是该报在教师节期间，首次向全国隆重推出一个优秀教师团队，也是继2004年5月《江苏教育》作为"典型"推介的《南湖第一小学的语文教学"M4"》（M是英文男人man的第一个字母）之后，又一次深度报道。因而，这个教师节对于我来说，便有了一种别样的感受和特别的意义。

提起团队建设，我是一个积极的倡导者，更是一个最大的受益者。

早在1993年，我们学校就有我和三位年轻的男教师任教语文。这三位青年教师很有才情和悟性，对我也很尊敬，都亲切地叫我"老大哥"。他们在教学上遇到问题，经常会来询问我，我也总是竭尽全力地帮助他们解决。久而久之，我们四个人就成了最亲密的朋友。于是，"M4"语文教学团队便这样在一种极其自然的状态下产生了。

把课上到学生的心里去，这是我们四个人的共同追寻。我作为老大哥总是喜欢把他们召集在一起"磨课"。我们四个人当中不管谁要上公开课，一起"磨课"则是每一次公开教学前的必修课。上课者选定教学内容之后，我们会坐下来研读教材，探寻教学的最佳路径。一个思路不行，再换一个思路。然后上课者再将这些意见吸收进去，第二天进行试教，然后继续提出修改意见。如此反复琢磨，仔细推敲，直到把课上到大家都满意为止。一个人上课，其他三个人比上课者更忙碌，更辛苦。课上好了，我们都很开心。或许在别人看来，这不就是上一堂课嘛，犯得着这样吗？然而，我们却认为，上课是老师的安身立命之本，是对学生负责，更是对自己负责，容不得一丝轻视与怠慢，一堂堂好课就应该要这样来磨。一次次的磨课，让我们尝到了成功的喜悦和合作的甜头。磨课，让我们拥有了研读文本的智慧；磨课，让我们积累了课堂教学的经验；磨课，还让我们酿造出了团队的精神。

我们四个人成功合作的故事，在南京乃至江苏的教育界被传为佳话，引得不少学校学习、效仿。

俗话说，一树难成林，一花难成春。凝聚才会产生强大的力量，合作方能取得更大的成功。团队精神应该是当下教师必备的一种职业素养。

五

2010年9月10日，第26个教师节。这个教师节，我的徒弟刘荃老师被评为第11批"江苏省特级教师"。在与刘荃等青年教师一同磨课、一道磨文的过程中，我们彼此享受着探寻教书育人真谛的幸福，相互砥砺，相互切磋，共同成长。看到一位位青年教师成长起来，我倍感自豪和欣慰。

2013年9月10日，第29个教师节。这个教师节，我作为刚刚履新的校长，为全校老师精心策划了一个简朴而特别的教师节庆祝仪式。

2022年9月10日，第38个教师节。这个教师节，我工作室的赵爱珍和时珠平两位老师同时被评为南京市第十届语文学科带头人。南京市学科带头人的评比要求极高，难度极大。像我们这所只有20位语文教师的规模不大的学校，一次竟有两位语文老师同时获此殊荣，创造了学校在教师发展方面的最佳成绩。而这，在南京小语界也是不多见的。

任教38个年头，过了38个教师节，这是我人生最大的幸运和最好的财富。回顾过去的教育历程，我愈发真切地感受到教师节对于我来说，是有着诸多特殊意蕴的。它就像是一个个里程碑，记录下我在教育之路上探索的足迹；它也像是前方的那道地平线，引领着我上下求索，奋力前行，去追寻自己的教育梦想，享受着属于自己的一种别样的幸福生活。

探寻的足韵

自走上工作岗位，我就努力做一根会思考的芦苇，养成一种勤于思考和善于研究的习惯，力求在平凡的工作中多一些思辨的味道，在平常的教学中多一些研究的色彩，让自己在常态化的教育教学中找寻到属于自己的句子，体会到探寻教育教学真谛的快乐与幸福。

一

《礼记·学记》中有这么一句话："学然后知不足，教然后知困。知不足，然后能自反也；知困，然后能自强也。故曰：教学相长也。"我是在研究儿童、研究教学的过程中一步步地成长起来的。其实，研究儿童、研究教学的过程也是研究自己、发展自己的过程。通过研究，我拥有了教学的底气和灵气。我努力让课堂更加贴近儿童，让儿童易于学习，乐于学习，获得生长的力量。可以这么说，如果没有对儿童、对教学的潜心研究，就没有我的专业成长。这就是我所理解的"教学相长"。

卢梭在《爱弥儿》中说："出自造物主的东西都是好的，而一到了人的手里，就全变坏了。"为何出自造物主的好东西一到人的手里就全变坏了？这是值得反思的问题。其实，每一个儿童都是有血有肉的人，他们的身上都蕴藏着无限的潜能，他们的成长都充满着无穷的可能性，关键是有没有用对方法去开发儿童的潜能，去发现儿童的可能性，让每一个儿童能够活泼泼地成长，成为他自己，变成他自己。这些年来，卢梭的这句话一直在警醒我，不能让儿童一到了我的手里，就全变坏了。这是一个教育人应该具有的良知和责任。所以，这些年来，我一直在研究儿童，研究儿童的学习，努力把最好的教育奉献给儿童。简单梳理了一下，我探索和研究的主要经历如下。

一是探究"守护儿童天性"的方法和路径。这是我研究的初始阶段，是从写作教学开始的。儿童写作一直是困扰语文老师的难题，更是我最烦心的事情。于是，我就把自己教的班级当作"试验田"，展开了儿童写作的探索历程。起初的探索并不顺利，效果也不明显。针对这个情况，我调整了研究的思路，并在专家的指导下，提出了"守护天性，生态习作"的实践理念。这一理念强调习作要回归儿童的生态，让儿童易于动笔，乐于表达。回归儿童的生态，就是要让习作回归儿童的生命状态，最大限度地让儿童享受习作的快乐和生命的愉悦；就是要让习作回归儿童的生活状态，使习作真正成为儿童记载自己平日生活中的喜怒哀乐的一种需要；就是要让习作回归儿童的生长状态，使习作能够成为儿童倾吐心声、记录生长的一种方式。经过十余年的探索，我对儿童写作有了比较深切的体悟，在全国也产生了一定的影响力。我把自己的探索历程写成了《守护儿童的天性》这本书。2010年5月，福建教育出版社出版发行了我的这本写作教学专著。这本专著还被《中国教育报》列为2010年暑期教师阅读书目。

二是探究"让学课堂"的实施策略。2010年9月，建邺区教育局将我调至南京师范大学附属中学新城小学，分管学校的教学工作。在听课调研中，我发现这所学校的语文教学存在两个突出问题：一是教师主宰着课堂，不给学生留有自主的余地；二是学生被动地接受，不知如何学习。为了改变这样的课堂生态，我就带领学校的语文骨干教师开启了"让学课堂"的研究与探索。我们所研究的"让学"的本质意蕴有两点：一是"让热爱"，就是让学生爱上国家通用的语言文字，觉得它可爱，最起码要对祖国的语言文字感兴趣，这是儿童学习语文的情感基础；二是"让实践"，就是让学生亲历语文实践的过程，理解语言，积累语言，运用语言，这是儿童学习语文、历练能力、生成智慧的必由之路。我们所追求的"让学课堂"是一种学生主动学习的课堂，是一种"学"与"教"动态平衡的课堂，是一种促进儿童自然生长的课堂。求真务实的探索研究，使得课堂教学生态发生了一些变化，这才有了我的又一本教学专著《用语文的方式教语文》的诞生。很荣幸的是，这本书还被《中国教育报》评为2012年度"影响教师的100本书"之一。

三是探究"儿童问学课堂"的实施方略。2013年8月，建邺区教育局又把我调到中华中学附属小学，让我担任这所学校的校长。对我来说，这是一个充满挑战的全新角色。来到这所学校，我深入课堂，了解教学情况。我发现这所学校的课堂教学也存在一些问题：其一，课堂上，教师在一味地问，学生只是忙于应答，学得被动，学得机械；其二，课堂上，学生不够自信，学习气氛沉闷。在这样的情况下，根据学校的实际，我们提出了"儿童问学课堂"的教学改革主张。所谓的"儿童问学课堂"，就是以儿童"游戏、模仿、好奇、成功、赞扬、创造"的天性作为课堂教学的出发点，构建新的课堂教学生态系统，使教学从儿童立场出发，关注儿童生态，守护、激扬儿童天性，面对儿童"问学"，教师不打断、不指责、不呵斥、不敷衍，激发和引导儿童自主发展，帮助儿童完善自己的成长过程，是以促进每一个儿童最优发展为根本旨归的课堂教学。2015年底，我们申报的"基于儿童生长的'儿童问学课堂'实践研究"获准立项为江苏省教育科学研究重点课题。2018年，儿童问学课堂的研究成果获得江苏省教育教学研究成果奖；2019年，该课题以免结题形式顺利结题；2020年，儿童问学课堂研究成果又获得江苏省第五届教育科学优秀成果奖。2021年，学校的项目"儿童问学园：让学习真正发生"被确立为江苏省中小学课程基地与学校文化建设项目；学校的课题《项目化学习视域下儿童问学课堂的理论与实践研究》被确立为教育部重点研究课题；2022年，学校的项目"儿童问学课堂的创新实践"被南京市教育局评定为第二批基础教育优秀教学成果重点培育项目。近十年的探索实践，给我们带来了许多思考和收获，《江苏教育》《教学研究与评论》《小学语文教学》《语文教学通讯》等杂志，都曾多次以专题的形式，推介了我们的研究成果。2022年10月，我的个人专著《还学习本来的样子：潘文彬儿童问学课堂十讲》由华东师范大学出版社公开出版发行。《中国教师报》和《中国教育报》这两大主流教育媒体，都对这本书做了宣传和介绍。让我意外的是，这本书被《中国教师报》评为2023年"推动教师发展的'十本书'（教学）"之一。

研究，让我留下了探索的足迹；研究，让我获得了成长的力量；研究，让我拥有了教学的智慧。是的，一个教师要通过研究，也只有通过研究，才能获得专业成长的自信和幸福。

二

有一句话说得好："一人行快，众人行远。"我于2002年9月评上江苏省语文特级教师之后，建邺区教育局为了发挥特级教师的引领作用，专门为我成立了工作室，这在全国也是领先的。当时，我既兴奋又有着巨大的压力。于是，我在南湖第一小学组建了语文教学"M4"团队。大家都知道，现在小学男教师很少，语文男教师更是少之又少，而我们学校却有四位男教师同教语文这门学科，更难得的是我们都对语文教学有着炽热的情感，志同道合的我们聚在一起，携手探索语文教学的真谛。这个团队组建不久就引起了媒体的关注，2004年5月，《江苏教育》以《南湖第一小学语文教学"M4"》为题详细介绍了"M4"团队的成长事迹。

继"M4"团队之后，我又潜心打造了南湖第一小学的语文教学"F6"团队（F是英文flower的首字母），六位女教师再续"M4"的传奇，再次引发关注。《中国教师报》于2006年9月6日以《一个好汉三个帮，团队的力量有多大》为题长篇报道我的团队建设经验。南京师范大学的研究生，还专门成立小组来研究南湖第一小学的团队建设经验。

2012年9月，我倡议发起成立南京"攀·灯"语文工作室研究联盟。这是一支由来自南京市的七个语文名师工作室近百人组成的研究团队。"攀·灯"是一个富有意味的名字——"攀"者，引也；"灯"者，破暗启明也。联盟虽为自发组建的研究团队，但这是一个有梦想、有追求、有活力的学习共同体。我们是一群人，更是一个人。我们都在努力奔跑，我们都是追梦人。"攀·灯"联盟致力于青年教师的发展和成长，努力为青年教师的成长提供机会，搭建平台，成了青年教师最为温馨的家园，一批批青年教师在这里成长起来。每个学期，"攀·灯"联盟都要精心策划高品位的语文教学主题研究活动。其运作方式和研究成果得到了《语文教学通讯》《小学语文教学》《小学教学设计》

等媒体的关注和推介，在全国产生了较大的影响力。2020年9月23日，《中国教师报》以《"攀·灯"：向着明亮那方》为题详细介绍了"攀·灯"联盟的活动方式。

三

我把我的探索经历介绍给老师们，就是希望老师们尤其是青年教师们能从我的成长历程中获得一些启示。其实，每个人的成长经历是不一样的，但只要稍加留意教师的专业成长，又是有一些规律可循的。在近四十年的教育探索中，我愈来愈深切地感觉到，教师自我成长的内驱力是其专业成长的原动力。这就好比打开鸡蛋的方式，从内部打开，获得的是生命，而从外部打开，得到的是食物。回顾我的发展历程，以下几点思考或许能给老师们带来一些启发。

一是我爱故我在。没有爱，就没有教育。爱事业，爱学校，爱学生，爱满天下，这是教育的基石，更是为师之本。爱因斯坦说："只有爱才是最好的教师，它远超过责任感，甚至一切。"有了爱才有了真正的教育，当我们用爱心去浇灌教育，呵护儿童成长，我们的工作才真正有意义。

二是我思故我在。教师应该是一位有思想的智者，要用自己的思想去启迪儿童的思想，让学生拥有一个善于思考的头脑。教师应该自己带头去思考，面对教育教学过程中的每一个羁绊和难题，我们处理的智慧均来源于我们长期的思考，并在思考和实践的过程中形成智慧的方法。对于教育教学的改革，我们的定力和创造力也来自我们自己长期的思考。只有自己首先是一个热爱思考的人，才能带动学生去思考。学生在思考中产生了学习的热情、理清了学习的方法、形成了做成事的能力，则从另一个角度证明了教师思考的重要性。

三是我行故我在。这里的"行"，既是一种心态，对自己要充满自信，相信自己能行；又是一种行为，要勇于探索，敢于行动，勤于实践，只有实践，才能获得真知。人类对一切事物的认识都来源于实践。教师在不断"行走"的过程中，不断促进自身认识潜力的提高。认识的不断发展，自然会不断提出新的问题，而这些又促使自己去解决这些问题。而随着这些问题的不断解决，教师的认识水平也就不断提高。教师应该一直活在这种"行走"的状态中。

四是我研故我在。研究应该是教师教育行走的基本方式，问题要通过研究才能解决，教育教学智慧要通过研究才能产生。教师研究是教师专业成长的需要，同时也是解决教育教学过程中实际问题的需要。研究能使我们更科学、更理性、更系统地看自己所做的事。有了研究，我们才会有自己的教育意识甚至教育主张和教育理念。

五是我合故我在。古人云："独学而无友，则孤陋而寡闻。"教师只有善于与人合作，协同攻关，才能获得更大的前行力量。俗话说："成功靠自己，完美靠合作。"仅仅靠一个人不足以支撑起一个学科、一所学校。一群人在一起，才能行稳致远，创造奇迹。

行走的姿态

一个阳光灿烂的午后，教育专家王铁军教授给我打来电话，约我去与他聊聊。当时，我颇感意外与激动，我没有给他留过电话号码呀，他是怎么知道的？王教授是鼎鼎有名的教育专家，一直是我崇拜的偶像，虽多次听过他的讲座，也读过他写的书，但还没有与他面对面地交流过。我兴奋不已，满怀期待。

第二天下午，阳光依然格外灿烂。我如约来到王教授的办公室，他热情地接待了我。

王教授从桌上拿起我写的那本《潘文彬讲语文》，微笑着对我说："最近，语文出版社给我邮来了一套'名师讲语文'丛书。我读了之后，对你写的这本书最感兴趣。你的书写得朴实自然，字里行间流露出你对语文教学的真情与智慧。"

我对他说道："浅陋的实践和认识，还望得到您老人家的批评指正！"

"你对语文教学很有见解啊！"他赞叹道，接着他问我，"你怎么没有提出一个什么语文来呢？"

与王教授第一次面对面交流，他就提出了这样一个关乎我个人发展的问题，这让我既感动又忐忑。感动的是一位大名鼎鼎的专家竟然如此关注我，或许这就是一位长者对后辈的关心和厚爱吧；忐忑的是一位德高望重的学者竟然如此提点我，或许这就是一位专家对后辈的提醒和点拨吧！

我思忖了一会儿，回答道："其实，您提的问题，我在2002年被评上江苏省语文特级教师之后，就曾经花时间思考过。然而，思来想去，我总觉得语文就是语文，它的内涵和外延是相当丰富的，如果在语文的前面加上某个定语，势必会把语文给窄化的。

"语文是一门课程。它在素质教育中有着不可替代的重要作用，工具性和人文性的统一，是语文课程的基本特点；致力于全体学生核心素养的形成和发展，是语文课程的基本任务。语文教学应该体现自己的特点，明确自己的责任，强化对国家通用语言文字的理解、积累和运用，让学生在获得言语智慧滋养的同时，也得到人文精神的熏陶。

"语文是一门最具魅力的学科。它本身就是一种充满着情感、智慧和诗意的文化。语文的魅力，潜藏在生动形象的语言当中，蕴藏在回味绵长的情意当中，显现在见仁见智的感悟当中，体现在识字与写字、阅读与鉴赏、表达与交流、梳理与探究的实践当中。语文的魅力，源自语文的灵动，源自文本的召唤，源自师生的智慧，源自课堂的创造。

"语文是一门给生命奠基的课程。语文教学要为学生的生命成长服务。成功的语文教师总是突出学生，淡化自己，始终站在学生那一边，想学生之所想，竭力把课上到学生的心里去。这样的课堂，学生的主体作用才会得到最大限度地发挥；这样的课堂，学生的生命活力才会得到最大限度地彰显。也只有这样的课堂才会少一些生搬硬套，多一些灵动生成；少一些人为拔高，多一些求真务实；少一些浮光掠影，多一些驻足凝视。

"基于这些思考，我不久就放弃了自己原先的想法，并调整了自己的行走姿态，着力去探寻那种能够切近学生实际的，且能又好又快地促进学生核心素养的形成和发展的教学路径。对此，我仍将会一如既往地保持着自己的行走姿势，上下求索。而这，还望得到您老人家的指引和扶持。"

听了我的话语，王教授语重心长地说："语文就是语文，这就是你的一种冷静和矜持，一种眼光和智慧，很值得你去坚守与探索！衷心希望你在语文教学研究的道路上取得优异的成绩，成为一位有独特风格的特级教师。"

其实，每位教师的教学都是一种行走，关键是要保持自己的行走姿态，坚持不懈地走下去。唯其如此，才会在语文路上留下属于自己的足迹。

"攀·灯"的韵致

我们"攀·灯"团队，是由来自南京四个区的七个语文特级教师工作室组成的，是个自发组建的研究共同体。十多年来，我们"攀·灯"团队，在语文专家的关心和引领下，在江苏省小学语文专业委员会以及各工作室所在区、校领导的支持和帮助下，成功策划和开展了一次次的语文教学主题研究活动，得到了《语文教学通讯》《小学教学设计》《小学语文教学》等媒体的关注和推介，在全国产生了较大的影响。

"一人行快，众人行远"，这是我们"攀·灯"团队的一种信念。我们携手前行，因为我们有着一样的语文情怀——热爱教育，挚爱母语，希冀把最美好的语文奉献给儿童；我们携手前行，因为我们这群语文人有着同样的语文追寻——研究和把握语文教育的真谛，让儿童能够享受语文学习的幸福；我们携手前行，因为我们这群语文人有着共同的语文志向——找寻属于自己的句子，形成自己的风格，各美其美，美美与共；我们携手前行，因为我们这群语文人有着相同的教育认知——相互学习方能发展自我，合作分享方能取长补短，和而不同方能百花齐放。所以，我们是七个团队，但更是一个人，步履从容而优雅地行走在语文教育的路上。

"贴着地面行走，不在云端舞蹈"，这是我们"攀·灯"团队的一种姿态。我们关注语文教育中的真问题，学习和研究语文课程标准，努力把"课程标准"中的新理念、新方法转化为具体的教学行为。比如，"课程标准"在阅读方面提出了"阅读简单的非连续性文本"的要求，那么，何为简单的非连续性文本、如何引导学生阅读，需要我们去回答；在习作教学方面，提出了"易于动笔，乐于表达"的理念，那么，教学中该如何落实，需要我们去实践；在课外阅读方面提出了"少做题，多读书，好读书，读好书，读整本的书"的建议，那么，具体该怎么做，尚需我们去探究。如此等等，有诸多问题困扰着我们。于是，我们就协同攻关，策划主题，研制方案；每个工作室先围绕主题集体研究，打磨课例；然后，七个工作室成员聚在一起观摩教学，交流评议，聆听专家指点。一次活动切口很小，但开掘很深，既有可观可感的、异彩纷呈的课堂教学，又有各抒己见的、闪现智慧的沙龙研讨，还有高屋建瓴的、引导航向的专家讲座。一次活动就是一场求真务实的研究，一次活动就是一次思想的碰撞，一次活动就是一次智慧的分享，一次活动就是一次精神的生长。

"相遇，温暖，照亮"，这是我们"攀·灯"团队的一种情致。我们与语文相遇，语文温暖了我们的心灵，照亮我们前行的道路。于是，我们把语文教育作为自己毕生追寻的事业，负重攀登，上下求索。我们与青年教师相遇，他们虚心学习、渴望成长的精神时时在感染着我们，温暖着我们，也在鞭策着我们要尽自己的绵薄之力，助力他们的专业发展，点亮一盏明灯，照亮他们前行的道路。与此同时，他们也会点亮自己的心灯，照亮彼此心灵，享受前行的快乐。我们与儿童相遇，他们纯真的心灵，渴求知识的目光时时在温暖着我们，提醒着我们，也在激励着我们要做儿童语言智慧和精神成长的"点灯人"。通过我们的不懈努力，让每一位儿童都能真学语文，学真语文，使他们成为具有丰厚语文素养的语文人。如此温暖儿童，照亮儿童，幸福儿童。

我们的团队拥有一个诗意盎然的名字，叫"攀·灯"。因为相遇，所以"攀·灯"；因为温暖，所以"攀·灯"；因为照亮，所以"攀·灯"；因为相遇，因为温暖，因为照亮，所以幸福"攀·灯"。这就是我们"攀·灯"团队的不竭动力和高雅韵致。

成长的伴侣

《语文教学通讯·小学刊》至 2020 年 4 月已经创刊 20 周年了。20 岁，正青春，最活力。这本充满青春活力的、在中国小学语文界有着较大影响力的期刊，以其学术的前瞻性和专业的引领性始终如一地踏着时代的旋律，宣介小学语文教育的最新成果，展示小学语文名师的独特风采，推动小学语文课程的教学改革，促进小学语文教师的专业发展。20 年，初心不改；20 年，砥砺前行；20 年，光彩照人。

提起《语文教学通讯·小学刊》，我与其有着很深的情缘。

那是 2002 年秋天，在一次全国大型的语文教学研讨活动中，一本高端、前卫的语文教学杂志——《中国小学语文教学论坛》（语文教学通讯·小学刊）吸引了我的眼球。我迫不及待地打开它：那大气雅致的装帧设计，给人以美的享受；那一篇篇精心遴选的富有真知灼见的文章，读后给人醍醐灌顶之感。这本期刊，我一见如故，爱不释手。当时，我就产生了一个最为朴素的想法：我要订阅它，并争取让自己的文章在这样的期刊上发表。

回来之后，我就去邮局自费订购了这本期刊，并把《拉萨的天空》一课的教学设计发给编辑部。没多久，我就得到了杂志社的回音，说我的这篇教学设计质量很高，可惜错过了档期，要等到来年才能刊发。得此讯息，我兴奋不已。

期盼着，期盼着，2003年第9期，我的这篇教学设计终于刊发了出来。捧着这期杂志，我激动万分：时间已近一年，编辑部的同志还没有忘记，兑现了他们的诺言。这是多么值得信赖的编辑人啊！

自此，我与这本杂志就结下了不解之缘。每每有了新的教学实践和感悟，总结出来之后，我总是想到《语文教学通讯·小学刊》，所以我的一些教学探索的研究成果都是从这本杂志上传播开去的。

从这本杂志中，我获得了许多智慧的滋养和思想的启迪。每期杂志都刊发一些小学语文最前沿的思想，我总是如饥似渴地阅读、吸纳，竭力把这些思想转化为自己的教学智慧。同时，我也尝试着把自己的思想和实践的体会，撰写成文，与全国的同行交流。

第八轮课程改革之初，针对小学语文的教学中出现的种种问题，我撰写了一篇长文《莫让语文迷失了自我》发表在2004年第11期上，文章从"莫让'人文'虚化了语文，莫让'对话'失去了灵魂，莫让'自主'变成了放任，莫让'生成'游离了目标，莫让'评价'缺失了标准"五个方面论述了语文教学的一些误区。该文发表之后在业内引起强烈共鸣，后被中国人民大学资料复印中心《小学语文教与学》2005年第2期全文转载。

这之后，我又针对这个问题组织工作室的成员展开沙龙研讨，整理成一万余字的研讨纪实《走在语文路上》，此文分为："缘起：乱花渐欲迷人眼；反思：咬定青山不放松；追寻：天光云影共徘徊"三大部分。这篇研讨纪实深得裴海安主编的赏识，很快这篇长文就在2005年第3期上发表出来。

这些年，我致力于儿童语文学习的探索研究，"让学课堂"和"儿童问学课堂"的一些研究成果也都是通过这本杂志发表出来的。如今读《语文教学通讯·小学刊》，思语文教学问题，想语文教学方略，写语文教学文章，已成为我的一种生活方式。

从这本杂志上，我认识了许多语文教学的专家和名师。每期杂志都推出一位在小学语文教学实践和研究中成绩卓著的名师或专家，我总是虔诚地向他们学习，汲取他们的思想和智慧。从这些人物的身上，我学会了如何深层次地思考语文教学的问题，学会了如何深入地开展语文教学的探索实践，学会了如何更好地总结和提升自己的语文教学研究成果。这些人物是我学习的榜样，他们时刻都在激励着我去把最美好的语文奉献给儿童。

一日，编辑部的同志给我发来邮件，准备让我上杂志的封面人物，叫我尽快拿出一组稿子来。得此信息，我既激动，又忐忑。激动的是，能上这样高端杂志的封面，这是对我这么多年来语文教学研究的肯定；忐忑的是，我的研究很浅薄，还没有什么有影响力的成果，把我推出来老师们能信服吗？我一定不能辜负编辑部的厚望和鞭策，得要好好梳理自己的语文教学思想。于是，在著名特级教师袁浩先生的指导和帮助下，我撰写了一篇题为《在"简单"与"不简单"之间行走》的文章，阐述我的语文教学思想。袁浩先生还为我写了一篇《他，走在语文路上……》的文章。特级教师林春曹老师也写了一篇《"实在"——语文教学应有的一种方式》的文章。三篇文章在2006年第11期上刊出，在全国小语界引起较大的反响。一次，我去山东讲课，课间有几位老师对我说，在《语文教学通讯·小学刊》上见过我，读了我那组文章很受启发，语文教学确实要在"简单"与"不简单"之间行走，返璞归真，让学生获得"不简单"的发展。

这本杂志不仅助推了我的成长，还为我们南京"攀·灯"名师团队的发展鼓与呼。"攀·灯"团队是由南京市的7个语文名师工作室自发组建的研究团队，成员含潘文彬工作室、李响工作室、刘荃工作室、杨树亚工作室、史春研工作室、金立义工作室、胡红工作室。这是一支由近百人组成的团队。这支由七位志同道合的江苏省特级教师领衔的团队，已然成为南京市乃至全国小学语文届的一道亮丽的风景线。

"攀·灯"团队自2012年9月成立以来，就一直受到《语文教学通讯·小学刊》裴海安主编的高度关注。几年来，"攀·灯"团队每学期都要策划一场具有前瞻性的语文教学主题研究的活动。

2012年9月19日，"回归儿童的习作"专题研讨。

2013年4月12日，"为生存做准备"非连续性文本专题研讨。

2013年11月29日，"适度解读，有效拓展，教出诗味"古诗词专题研讨。

2014年4月18日，"识字，彰显汉字文化的魅力"识字与写字专题研讨。

2014年6月10日，"迷你课程：让语文向生活敞开"专题研讨。

2014年10月24日，"面向生活　真情表达"成都—南京习作教学交流会。

2015年6月12日，"路，不止一条"名人故事同课异构专题研讨。

2015年12月1日，"相遇·温暖·照亮"祁智专题整本书阅读教学研讨。

2016年5月19日，"基于汉字素养提升的小学语文识字写字教学"研讨。

2016年11月24日，"把握文体特征，提升语用能力"状物类文本教学策略探析。

2017年5月19日，"找寻·邂逅·分享"语文核心素养召唤下的课外阅读再出发。

2017年10月31日，"诗，为了儿童的远方"诗歌教学专题研讨。

2018年4月27日，"相信童话，在童话中相遇"童话类文本教学研讨会。

2018年11月14日，"十年盼生长，'攀·灯'助绵竹"江苏南京送教绵竹教学研究活动。

2019年3月29日，"关注要素 注重整合"江苏省首届小学语文统编教材主题观摩研讨会。

2019年11月15日，"关注要素 注重整合"统编教材单元整体教学研讨会暨"攀·灯"联盟第十六场教学研究活动。

…………

这一次次的活动，从主题的确立到活动的安排，裴海安主编都给予了悉心指导和智慧提升。更为难能可贵的是，我们的每一场活动，裴海安主编都亲临现场，进行高位引领。不仅如此，我们的每一场活动的研究成果，《语文教学通讯·小学刊》也都用了大量的版面做全面深入推介，在全国产生了重大的影响。"攀·灯"团队已然成了青年教师最温馨的家园，如今一批批青年教师从这里成长了起来，都与《语文教学通讯·小学刊》给予的平台和机会是分不开的。

《语文教学通讯·小学刊》，我生命成长中的伴侣。我深爱着你！在你二十周岁生日之际，请接受我最真诚的祝愿——青春永驻，个性永葆，为推进小学语文教育改革发挥更大的作用！

悟道·创生温情的教育

教育的温情，让校园处处流淌爱和温暖；

教育的温情，让教育变得更加灿烂美好。

守护儿童的天性

多年的探索和长期的实践，让我愈来愈深切地体悟到：要想教育儿童，得要目中有人，尊重儿童，研究儿童，理解儿童；心中有本，把握规律，以人为本，发展儿童；手中有法，因材施教，因人施策，成就儿童。于是，守护儿童的天性，便成了我一直秉持的教育哲学。

一

天性，就是自然赋予的品质或特性。唐代柳宗元在《种树郭橐驼传》中说了种树的诀窍：顺木之天，以致其性。"天"，即树木生长的基本环境和规律；"性"，乃为树木的本性。其意思是说，种树要顺从树木生长的规律，让树木彰显自己的本性。种树和育人的道理其实是相融相通的。教书育人就得要有"顺木之天，以致其性"的思想与智慧，顺应儿童的禀赋天性，尊重儿童的生长节律，引导并唤醒儿童自我成长，让儿童能够成为他自己，变成他自己。

然而，直面当下的教育，我们发现有些儿童的天性没有得到应有的遵从，教育中有意无意地压制甚至摧残儿童的现象还时有发生：生活中，儿童正当的兴趣被视为问题，正常的活动被视为好动，执着的追求被视为愚顽……课堂上，儿童的质疑被忽略，儿童的言说被敷衍，儿童的思想被固化……儿童那稚嫩而柔弱的肩膀上承载着过多过重的东西，学习负担沉重，属于他们自己的闲暇时间少之又少。如此这般，给儿童提供的不是适合的教育，而是强加了诸多成人的"愿望"。于是，温暖的"愿望"，温柔的"教育"，将活蹦乱跳的儿童教化成了"年纪轻轻的博士和老态龙钟的儿童"。这不能不说是一种遗憾。

其实，儿童就是儿童，游戏、模仿、好奇、自由等都是他们的天性，是儿童认识世界、认识自我、进行创造性学习的独特方式，是促进儿童自身发展的弥足珍贵的资源。我们还应该清楚地认识到，儿童是有血有肉的人，是成长发展中的人，他们的最伟大之处就在于这种成长发展具有一种可能性。这就意味着教育要从儿童的实际出发，遵循儿童的身心发展规律，发现儿童身上所潜藏着的可能性，并能采用儿童喜闻乐见的方式将这种可能性变成一种现实性，进而走向一种创造性。倘若这样，儿童的个性就会得以张扬，儿童的悟性就会得以培育，儿童的灵性自会得以生长，就不会打乱儿童生命成长的次序，而"结出"一些既不丰满又容易腐烂的早熟的果实。

二

立德树人，培养拥有中国灵魂和时代精神的"有理想、有本领、有担当"的合格公民是社会赋予教育的使命和责任。我们提出守护天性是基于以下一些思考：

第一，守护天性，时代发展之必然。习近平总书记指出："实现中华民族伟大复兴，就是中华民族近代以来最伟大的梦想。""中国梦"

就是要把我国建设成为富强、民主、文明、和谐的社会主义现代化国家，实现中华民族伟大复兴。梁启超在《少年中国说》中说道："少年智则国智，少年富则国富，少年强则国强，少年独立则国独立，少年自由则国自由，少年进步则国进步……"少年儿童关系着民族复兴"中国梦"的实现。因此，以人为本、守护天性，发展儿童、成就儿童，不仅是教育的根本追求，也是实现"中国梦"的必然要求。

第二，守护天性，教育改革之应然。在核心素养的召唤下，教育要以立德树人为核心要务，要面向全体学生，促进学生全面发展，使学生应具备适应终身发展和社会发展需要的必备品格和关键能力。要让学生生动活泼地发展，得回归教育的原点，把握教育的真谛。教育改革离不开对教育规律的敬畏，对教育常识的捍卫。其实，教育好似农业，就像农民种庄稼一样，要有足够的耐心和定力，静待花开，切不可揠苗助长。但也少不了必要的田间管理，适时适度地浇水、施肥，假以时日，庄稼自然就会丰满起来，成熟起来。万变不离其宗，守护儿童的天性，就是让教育回归教育的本真，合乎教育的逻辑，遵循教育的常识，研究儿童、发现儿童、适时施教、适度施教、因材施教，让每一位儿童都能够通过教育获得生动活泼的发展。

第三，守护天性，儿童生长之定然。儿童的成长离不开教育，就好似植物的生长离不开阳光和雨露一样。守护天性需要为儿童提供适合的教育，这种教育不是简单的限定与规约，而是深刻的理解与全面的呵护：理解儿童发展的基本规律，呵护儿童潜在的个性禀赋。适合的教育在人的成长过程中不是简单地改变天性，而是要从儿童立场出发，关注儿童生态，守护、激扬儿童天性，因势利导，长善救失，创设适合天性、优化发展的条件和环境，让真实而有效的教育能在每一位儿童身上真正发生，最大限度地发展天性中合理的一面，补救天性中"自损"和"他损"的一面，让每一位儿童通过教育来完善自我，成就自我。

三

守护天性的教育是尊重儿童、关注差异的教育。每一位儿童都是独特的"这一个"。各美其美，美美与共。守护天性，就是尊重"这一个"独立个体的存在之美，重视并研究"这一个"独立个体的差异之美。守护天性的教育，就是要让教育能够基于儿童的这种"美"，并能给儿童提供适合他们心理发展水平和兴趣、需要的"美"的教育，从而使教育成为他们生长兴趣和能力的美丽过程，进而发展"这一个"，幸福"这一个"，美丽"这一个"。

守护天性的教育是激活儿童、培育情感的教育。教育面对的是充满活力，富有情感的儿童，所以教育给予儿童的不是冷冰冰、硬生生的说教，而是充满脉脉温情的激励和唤醒。孔子说："知之者不如好之者，好之者不如乐之者。"这"好之""乐之"，皆为一种思想情感，是一种源自心灵的真情实感，是一种催人奋进的情感力量。守护天性的教育，给予儿童的是一种温暖的关怀，一种灵动的实践，一种真切的体验，一种幸福的成长，让儿童在实践和体验中增强"好之""乐之"的思想情感，进而能亲师信道，乐于学习，自主学习，主动发展。

守护天性的教育是发展儿童、生长学力的教育。教育即生长。儿童的生长是一种缓慢的生长，也是一种适性的生长，是一种自然的生长。守护天性的教育，就是把握儿童生长的特点，给予儿童生长的支持，让儿童在富有挑战性的学习情境中，通过项目的学习、任务的驱动、问题的探究、伙伴的互助、经验的分享等方式，主动参与，勤于思考，乐于实践，勇于探索，解决问题，发展思维，使得每一位儿童通过必要的支持都能够拥有持久的学习动力、坚定的学习毅力和灵动的学习能力。

让儿童像个儿童

初夏时节，一所幼儿园的园长邀我去给大班的家长谈谈幼小衔接的问题，我欣然答应了。

在与家长互动交流的时候，一位家长颇为忧虑地询问我："我身边的不少孩子在外面上了幼小衔接班，而且有的孩子还上了好几个幼小衔接班，把一年级的内容都学得差不多了。我的孩子没有上，现在很担心他上一年级会吃亏。您看，现在要不要去上？不上，一年级能跟得上吗？"

这位家长的话道出了一个见怪不怪的现象：年轻的家长们为了不让自己的孩子输在起跑线上，不惜一切代价地把孩子送到各级各类的辅导班，或者亲自在家开小灶给孩子辅导文化知识，挤占了本该由儿童自主支配的游戏和玩耍的时间，使年幼的儿童从小就背上沉重的学业负担，过早地失去儿童本该拥有的童真。

我作为一位从事儿童教育多年的教育人，很有必要向家长们发出呼吁——要让儿童活得像个儿童。

于是，我给家长们讲卢梭的《爱弥儿》，"大自然希望儿童在成人以前，就要像儿童的样子。"希望家长不要在儿童稚嫩而柔弱的肩上施加过重的负担，使儿童活得不像儿童。我还讲了揠苗助长的故事，告诉家长儿童如同"春起之苗"，不见其增，但日有所长，千万别像老农那样做傻事。最后，我语重心长地对家长们说："儿童的学习历程，绝不是百米短跑，而是马拉松式的长跑，甚至是无数马拉松的累加。先跑快跑的人，未必能跑得快，跑得稳，跑到底！尊崇儿童成长的规律，让儿童活得像个儿童，这是教育的自然之道！"听罢，家长们报以持久而热烈的掌声。

让儿童活得像个儿童，要给予儿童自由的时空。当下有些儿童很少拥有属于自己的闲暇时光，也很难活成儿童的样子。儿童的成长，需要自由的呼吸。法国存在主义文学大师加缪说："自由应是一个能使自己变得更好的机会。"还给儿童自由，教育者得要践行陶行知先生"六大解放"的理念：解放儿童的头脑，使之能思；解放儿童的双手，使之能干；解放儿童的眼睛，使之能看；解放儿童的嘴，使之能讲；解放儿童的空间，使之能接触大自然和社会；解放儿童的时间，不逼迫他们赶考，使之能学习自己渴望的东西。倘若这样，儿童的成长就会变得自然而然起来。

让儿童活得像个儿童，要正确运用教育儿童的方法。儿童是成长中的人，其身心尚处在一种萌芽的、待发展的状态，具有一种可能性。而教育则是将这种可能性转变为一种现实性。卢梭曾说过："误用光阴比虚掷光阴损失更大，教育错了的儿童比未受教育的儿童离智慧更远。"不误用光阴，不教育错儿童，这是最为朴素的教育良知。因而，教育者要研究儿童，因材施教，科学施策，为每一位儿童的成长提供必要的阳光和雨露，让儿童的成长变得优雅而舒展起来。

让儿童活得像个儿童，要能够包容儿童的错误。儿童犯错误是再正常不过的事了。错误对于儿童的成长来说也是美丽的，从某种意义上说，儿童是在不断犯错、纠错的过程中成长起来的。所以，教育者对待儿童的错误要有一颗宽容之心，科学地认识儿童的错误，善于转化和利用儿童的错误，让儿童能够经一事，长一智。这样，儿童的成长就会变得从容而美丽起来。

让儿童活得像个儿童，需要家庭、学校和社会共同发力。

回归朴素的教育

　　朴素，是一个颇为朴素的词汇。在追求时尚生活的当下，回归朴素似乎有些不合时宜。然而，朴素，又是一个意蕴丰厚的词汇。在追求高质量发展的当下，回归朴素亦正合乎时宜。的确，现在人们的物质生活日益丰富起来了，衣食住行的品质也愈来愈高了，这是时代发展之必然。然而，朴素，不只是外化为物质的多寡丰简，而应该是人所具有的一种最基本的生活态度和道德情怀，是人的一种内在的精神品性和价值追寻。丰富的物质生活与朴素的生活情怀应该是相生相伴、并行不悖的。可是，在追求时尚的物质生活的当下，人们似乎忘却了朴素，因而时常会发出一些不够和谐的音符来。回归朴素，就是要以一种朴素的情怀对待生活，尊重规律，实事求是，使人们能够从容而优雅、自然而舒坦地生活着。教育即生活，作为教育者更应该要以一种朴素的情怀对待学生，对待教育，以人为本，寻求真谛，真正让每一位学生通过教育能够成为他自己，变成他自己。回归朴素，不浮夸，不虚假，不做作，这当属教育的应然追求。

　　回归朴素的教育，就是要以一种朴素的思想来认识教育。认识你自己，是一个古老而朴素的哲学命题。认识教育，对于教育者来说，也是一个最为朴素的命题。我们可以尝试着用自己朴素的思想去探寻教育的真谛。我们知道，教育是为学生的终身发展服务的；我们知道，为党育人，为国育才，培养和造就"有理想、有本领、有担当"的时代新人，是教育的神圣使命；我们还知道，要尊重教育规律和学生身心发展规律，为每个学生提供适合的教育，是教育的本质追寻。如此等等，都是我们最为朴素的教育思想。当我们用这些朴素的思想来理解、认识教育的时候，学生的主体地位自然就会在教育当中凸显出来。尊重学生，理解学生，善待学生，成就学生，自然就会成为我们的自觉行为。这样，教育对于学生来说就是一种幸福和生长，对于教师来说就是一种创造和享受。

回归朴素的教育，就是要以一种朴素的情感来拥抱教育。教育最需要一种朴素而真挚的情感。这种朴素的情感，就是对学生、对教育、对课程的一种最真挚的爱。没有爱就没有教育。当教育者用这种最为朴素的情感投身教育的时候，教育就会成为其终身乐此不疲所追求的事业，他就会努力为每位学生创造适合的教育，让学生活得像个儿童的样子。常言道："亲其师，信其道。"学生的这种"亲师""信道"的朴素情感，其实是需要教师用这种最朴素的教育情感去培育的。教师一旦拥有了这种朴素而真挚的教育情感，自然就会热爱每一位学生，关注每一位学生，亲近每一位学生，信任每一位学生，研究每一位学生，发展每一位学生。如此投之以桃，学生就会报之以李，自然就会"亲师""信道"了。这样，学生就会心甘情愿地接受教师的教育，在课堂内外，学生和教师就会以生活为基础，以课程为剧本，以实践为主线，以任务为载体，演绎出一幕幕精彩的活剧，让教育洋溢生命的活力，充盈生长的力量。

回归朴素的教育，就是要以一种朴素的方法来践行教育。教育需要爱，但教育只有爱是远远不够的，还得要有践行的智慧和方法，以促进每一位学生和谐健康地成长。其实，每位学生都是朴素的人。我们只有潜心地研究儿童，客观地理解儿童，选择正确的方法教育儿童，如此这般，教育才会转变成一种影响儿童、发展儿童的"正能量"。事实上，这种教育儿童的方法，可能很简单——只要贴近儿童的"最近发展区"，就能走进儿童的心灵，在每一位学生的身上发挥着有效的作用；这种教育儿童的方法，可能很朴实——只要驱动儿童的思维和想象，激发儿童的好奇心、想象力和求知欲，就能培育儿童的智慧，让每一位学生享受到成长的愉悦和幸福。所以，基于儿童，为了儿童，发展儿童，是我们践行教育、探寻真谛、育人教书的最为朴素的方法。

回归朴素，让教育变得自然而舒展起来！

让教育多些温情

这些年，总有一些特别的孩子让我萦系于心，倍加关注。

一位男孩子，行为不能自控，上课喊叫，下课打闹，常常搞得班级不得安宁，以至全班家长联名要求学校劝退这个孩子。还有一位男孩子，上课十分乖巧，但老师讲课的内容他怎么也听不进去，每次考试几门功课加在一起也只是两位数，教师和家长为此大伤脑筋。

一位小姑娘，由于先天脑瘫，到了上三年级的年龄，家长才带她来学校报名入学。孩子智力发展迟缓，活动不方便，生活也不能完全自理。还有一位小姑娘，上课自言自语，喜怒无常，经常会打乱教师的教学，影响同学的学习。

…………

每个儿童都是独特的生命个体，教育所面对的就是这样一些充满着个性差异的儿童。说实在的，这些特别的儿童来到学校，进入班级，确实给我们的教育工作带来些许的难度和挑战，更给班级的管理和教师的教学带来一定的压力和负担。但，这就是学校教育，这就是学校教育所要承担的义务和责任，这就是学校教育的价值和意义所在——悦纳每一位儿童，让每一位儿童都能够活泼泼地生长，都能够绽放出生命的精彩。让这些特别的儿童融入学校的班集体当中来，是每一位教育人应有的情怀，更是学校教育义不容辞的责任。

然而，让我欣慰和释然的是，当我每每向这些孩子所在班级的任课教师问及他们学习生活情况的时候，老师们总会不无赏识地向我讲述孩子们的点滴进步：某同学上课不再喊叫了，有时还会举手发言呢；某同学下课能与同学们一起活动，不再打闹了；某同学中午吃饭能够自理了，不需要多操心了……看着老师们喜不自禁、如数家珍的样子，我的内心总会涌起一股感动——多么可亲可敬的老师啊，他们以自己的爱心和智慧在接纳和教育着这些特别的孩子，让其能够融入班级里去，过上一种正常的学习生活；他们以非同一般的耐心和定力在呵护和培育着这些特殊的孩子，让其能够享受着学习，并在此过程中找寻到属于自己的那份快乐和幸福；他们以自己的实际行动，很好地诠释了什么是最富有温情的教育，什么是教育者的慈悲情怀。

是的，教育者的心灵本该就是这样细腻善良，美丽温柔；教育本该就是这样慈眉善目，富有温情。

其实，教育充盈了这样的温情，教育者自然就会用自己博大的胸襟和温暖的双手去拥抱每一位儿童，接纳每一位儿童，发现每一位儿童的闪光点，让每一位儿童都能开心地面对生活。

教育充盈了这样的温情，教育者自然就会用自己炽热的真情和温柔的心灵去温暖每一位儿童，热爱每一位儿童，用赏识的眼光去看待每一位儿童，用适合的方式去感化每一位儿童，让每一位儿童都能找到属于自己的自信和荣耀。

教育充盈了这样的温情，教育者自然更会用自己灵动的智慧和有效的行动去关注每一位儿童，研究每一位儿童，激发每一位儿童的潜能，因材施教，让每一位儿童都能拥有获得感和幸福感，都能得到最大限度地发展。

教育的温情，让教育充满着阳光、和风、雨露，儿童的生命在这种灿烂阳光的照耀下，在这种和煦微风的轻抚下，在这种细柔雨露的滋润下，定会绽放出迷人的光彩；教育的温情，让校园处处流淌爱和温暖；教育的温情，让教育变得更加灿烂美好。

教育是慢养的艺术

揠苗助长，一个耳熟能详的故事，那位农民本想把自家田地里的禾苗拔起，以助其生长得更快一些，然而结果事与愿违，非但没能助其生长，反而致其死亡。个中缘由就在于其违反了庄稼的生长规律。其实，庄稼有其自然生长的节律，它是在不知不觉中生长起来的，其过程是缓慢的，急不得，也快不得。这是最基本的常识。

由此，我想到了教育。《学会生存——教育世界的今天与明天》中有这样一句话："教育的目的在于使人成为他自己，变成他自己。"其实，"使人成为他自己，变成他自己"的过程，就如同庄稼的生长一样，是有着自身发展规律的，也是一个缓慢的过程，急不得，更快不得。

自然舒缓，乃为生命成长的一种本然的状态，也是教育本该具有的一种优雅的姿态。难怪有人会说，教育更像农业，而非工业。所以，教育就应该是一种慢养的艺术，它需要教育者能够拥有一种"孩子，你慢慢来"的定力和耐心。这或许就是教育的一种规律和常识吧。

其实，世间万事万物都有着自身的发展规律。尊重规律，按规律办事，才能办成事，办好事。这也是一种常识。然而，当下违背教育规律的现象还是屡见不鲜的。譬如，对于一年级新生，学校是实行零起点教学，但依然有些家长不放心，怕自己的孩子输在起跑线上，就纷纷将孩子送入各种各样的"幼小衔接班"，恶补小学知识。这种行为与那位拔苗助长的农民的行为如出一辙，得不偿失。

2021年7月，中共中央办公厅、国务院办公厅印发的《关于进一步减轻义务教育阶段学生作业负担和校外培训负担的意见》明确指出："全面贯彻党的教育方针，落实立德树人根本任务，着眼建设高质量教育体系，强化学校教育主阵地作用，深化校外培训机构治理，坚决防止侵害群众利益行为，构建教育良好生态，有效缓解家长焦虑情绪，促进学生全面发展、健康成长。"我以为，要让学生能够"全面发展、健康成长"，就必须要尊重教育规律和学生身心发展规律，守护学生的天性，为学生的生命成长提供所需的土壤、阳光和雨露，并注意适时地施肥、除草，让学生能够在一种适宜的环境中自然舒缓地成长，活得像个儿童的样子，拥有本该属于自己的那份闲暇和惬意，经风雨，见世面，享受生命成长带给他们的那种欢愉和幸福。"全面发展、健康成长"定然是一种合乎规律的发展与成长，是一种和而不同的有差异的发展与成长，是一种各美其美的生动活泼的发展与成长。试想，揠苗助长，焉能使学生获得"全面发展、健康成长"的能量？焉能让学生"成为他自己，变成他自己"？焉能让立德树人的根本任务得以落实？

实际上，每位学生都是独特的"这一个"，他们的天赋和秉性、兴趣和爱好，各不相同。即使是同一位学生，在不同的成长阶段，其认知能力、兴趣和关注点也是不相同的。因此，每位学生对教育都有着不同的需求。这就意味着让每一位学生都能够"成为他自己""变成他自己"的过程不仅舒缓，也是极其复杂的。它需要教育者能以一种从容的心态，用心、用情、用智地去面对每一位学生，关爱每一位学生，研究每一位学生，关注个体差异和不同的学习需求，最大限度地为每一位学生创造适合的教育。因为只有适合的教育，才能够满足不同学生成长的需求，为学生的自主发展和快乐成长提供一种广阔的空间和无限的可能，进而才能够又好又快地发展每一位学生，成就每一位学生，幸福每一位学生。而这，正是因材施教，因人施策，发展个性的一种必然要求，更是素质教育的一种应然境界。

教育，一种慢养的艺术。适合的教育，必然是一种自然而又舒缓的慢教育！

享受学习的自由

1560年，瑞士钟表匠布克在游览埃及金字塔时，做出了这样的推断：金字塔这么浩大的工程，被建造得如此宏伟、如此精细，各个环节衔接得如此天衣无缝，建造者必定是一批欢快的怀有虔诚之心的自由人。难以想象，一群有懈怠行为和对抗思想的奴隶，绝不可能让金字塔的巨石之间连一片小小的薄薄的刀片都插不进去。后来，有研究者证实了布克的这一推断。的确，在过分指导和严格监管的地方，别指望有什么奇迹发生。因为人只有在身心自由的状态下，才能拥有闲情逸致，才会精雕细琢，发挥出最佳的水平；只有在轻松惬意的情态下，才能释放潜能，迸发灵感，创造奇迹。

儿童学习何尝不是如此！亦需要一种自由的心境。有了合理的自由，儿童的身心才会自然地舒展开来，真实而充满情趣的学习活动才会自然而有效地发生。自由，其实是儿童的天性，教育教学中要善于呵护、优化、激扬儿童的这种天性，让儿童自主实践，自由创造，自然成长，尽情享受学习的自由。

然而审视当下的教育教学，儿童作为学习的主体，还没能真正地享受到学习的自由。课堂教学中，教师依然处于强势地位，主宰课堂，过度施教，给予儿童自主支配的时间少之又少，而学习要求却多之又多。诸如坐姿要端正，发言要举手，回答要完整，如此等等。这些近乎苛刻的要求，表面上看是对儿童学习的指导和帮助，而实际上是对儿童天性的束缚和压制，是让活泼泼的儿童在死读书、读死书、读书死的氛围中慢慢地变得顺从、呆板、少年老成，渐渐地失去了童心、童真、灵性和悟性。这是与素质教育背道而驰的。

儿童是发展和成长中的人，得让他们在成人之前能够活得像儿童的样子。所以要解放儿童，把自由还给儿童，把学习的主动权还给儿童，让儿童真正成为课堂的主体、学习的主人，能够无拘无束地思考，快快乐乐地学习，真正地享受学习的自由和成长的快乐。

让儿童享受学习的自由，就是要让儿童的学习能够回归到学习的本意上来。汉语中，"学"和"习"是两个颇有意思的字。学，繁体是"學"，上面像双手构木为屋形，下面的"子"，表示小孩子学习之意。所以，学的主体是孩童，学是一种动手操作实践的活动，学能让孩童摆脱蒙昧变得聪慧。习，本意是鸟儿在白天反复练习飞翔。可见学习本是儿童自己的事情，是儿童自己动手实践、反复练习，获得本领的过程。在这个过程中，儿童的学习应是主动的、积极的，儿童的身心应是愉悦的、自由的，而这恰恰是学习的应然状态。

让儿童享受学习的自由，就得让儿童在学习中能够有选择的权利和感悟的闲暇。闲暇，能给学生带来一种愉悦的心境，让学生心游万仞，神思飞扬。学习是需要这种闲暇的心境的。闲暇来自自由。课堂上，当学生拥有了属于自己的闲暇，他们自然就会愉快地投入到自主学习的实践中来。课堂外，当学生拥有了属于自己的闲暇，他们定然就会开心地投身于自然与社会，学习到书本中难以获得的、更为鲜活的知识。而至于"学什么""怎么学""学到什么程度"，则需要在教师的引导下给予儿童一种选择的自由，也需要给予儿童足够的自主实践和感悟发现的时间，让儿童在探索实践中获得一种前行的力量和生长的智慧。

让儿童享受学习的自由，还要包容儿童在学习当中出现的种种问题或错误。学习是儿童探索未知的过程，在这个探索的过程中，总会出现这样那样的问题或者错误。这些问题或错误往往凝聚着儿童尝试探索未知的心血和智慧，是最为亮丽的思维火花，是弥足珍贵的教学资源。所以，问题或错误，也是一种美丽的学习。

儿童学习需要这种自由的心境。给儿童自由，就是给了儿童一个使自己变得更好的机会，给儿童自由，就是给他们享受学习、享受快乐、享受成长的机会。

"减负"为了"增效"

在"双减"的背景下，减负增效，是基础教育的主旋律，是落实立德树人根本任务的关键，也是教育高质量发展的标志。那么，何为"负"？"负"从何而来？为什么要减负？怎样减负？我以为，只有思考清楚这些问题，才能真正弄明白减负增效的内涵。黑格尔说："人们经常挂在嘴边上的名词，往往是我们最无知的东西。"纪伯伦说："我们已经走得太远，以至于忘记了为什么而出发。"减负并不是一个新话题，而是一个老生常谈的问题了。然而，就是这样的一个老生常谈的问题，我们对它的关注和研究却不甚深入，以至很少有人能够说清楚它的本质和内涵。

何为负？负，即负担，就是所承受的压力。学习，固然要有一定的压力，没有适度的压力，何来学习的动力？当然，这种压力应该是学生能够承受的压力，是促进学生能够收获成功的压力，是确保学生能够维持学习兴致的压力。"减负"之"负"却是一种过度的"负"，是超出了学生承受能力的"负"，是已经把学生压得喘不过气来了，让学生苦不堪言的"负"。这样的"负"，非但不能促进学生的发展，还会扼杀学生的学习兴趣，影响学生的身心健康。这样的"负"，一日不减，学生的学习生活就没有快乐和幸福可言。

何来负？造成学生的学业负担过重，有着多方面因素。首先是社会的因素。当下社会竞争激烈，这种竞争也给学生及家长带来了诸多的负担。家长觉得，孩子从小不好好学习文化知识，长大就难以适应社会的竞争。于是乎，孩子小小的年纪就背负着沉重的学习负担。其次是家庭的因素。家长尤为关注子女的学习成绩，望子成龙、望女成凤的心情极为迫切，这种迫切的心态也给学生带来了一些负担，落到行动上就是给孩子报各种文化补习班，变成学校减负，家长增负，学生依然苦不堪言。再次是学校的因素。当下对学校、对教师的评价还是缺少一整套科学的方法，学校的领导和教师还是过多地关注学生考试的分数，关注升学率。这就给学校和教师带来了一些压力，这种压力转嫁到学生的身上就是无休止地刷题，落入题海不能自拔。

为何减？减负，是全面贯彻党的教育方针，落实立德树人根本任务，强化学校教育主阵地作用，构建教育良好生态，高质量实施素质教育的必然要求，是提升全体学生核心素养的自然选择。我以为，减负增效，是素质教育的核心价值取向。减负为的是提质增效，为的是更好地培育有理想、有本领、有担当的时代新人。"减"与"增"对于学生的身心发展来说，应该是一种动态的平衡。减负增效，意味着我们的教育要关注每一位学生的身心健康成长，意味着我们的教育要关注每一位学生的德智体美劳全面发展，意味着我们的教育要关注学生的学习过程和学习进步的获得感和幸福感。如此看待减负，才能体现以人为本的教育思想，才能促进每一位学生生动活泼地发展。

如何减？减负增效是一项极为复杂的系统工程，需要我们倾注智慧，久久为功。

我以为，减负增效对于老师来说，一要减滞后落伍的教育思想，增与时俱进的教育理念，因为思想理念决定着教育教学的行为；二要减不思不想的教育习惯，增善思善想的研究方式，因为研究是减负增效的不二法门；三要减埋头死干的工作方法，增抬头巧干的工作智慧，因为教育教学是一种极富心智的劳作，既要脚踏实地，更要仰望星空；四要减喋喋不休的烦琐讲解，增要言不烦的启发点拨，因为教育教学的本质不是灌输，而是激活与唤醒学生的自我学习、自主成长。而这些都需要我们通过不断的学习来充实和提高，通过不断的研究来探索和总结。唯有这样，减负增效才会变成可能。

减负增效，对于学生来说，既要减厌倦学习的心态，增快乐学习的情致，又要减机械单一的做题，增灵活多样的实践，还要减被动的接受学习，增自主的探究学习。而这些也需要我们去研究、探索。倘若这样，学生就会在学习中找寻到一种幸福的体验，就会在丰富多彩的学习实践中变得自信起来，乐观起来，灵动而智慧起来。

古人云："极高明而道中庸。"在当下应该如何科学有效地处理好"减负"与"增效"这对矛盾，寻求一种平衡，以更好地促进学生健康协调的发展，这是亟待研究和解决的问题。

传承文化的基因

来南京市中华中学附属小学工作不久，一个艳阳高照的上午，一位退休的老教师兴致勃勃地来到我的办公室，向我介绍了这所学校的发展历史。其间他说："这是一所有着一百多年办学历史的老校，如今学校非常漂亮。我们这些老同志由衷地希望学校越来越好，越来越有内涵。"这也许是他不经意说的话，但他的这番话语却引发了我对这所学校发展的思考。

对于一所百年老校来说，是有其文化基因和历史传承的。这种文化基因根植于师生心灵深处，又流溢于师生言行举止之中。那么这所百年老校的文化基因是什么？值得传承的又是什么呢？

于是我就去了解、研究学校这一百多年来的足迹。在与老师和专家交流、探讨的过程中，我把目光聚焦到学校的"一训三风"上，聚焦到"上新河"这个老校名上。能否将两者融合起来，既弘扬这所百年老校的文化，也注入时代发展的因子，构建学校新的发展愿景呢？我把这种想法与学校行政班子进行交流，得到了他们的认同；征求老师们的意见，也得到了他们的赞同。

有了这样的想法，该如何来提炼呢？我又陷入了思考。对于"一训三风"的提炼，能否打破常规，用一种全新的话语方式加以概括？于是，我查阅了有关文献，也研究了一些名校对"一训三风"的表述方式，得到的答案是可以的。

"好好学习，天天向上"是一所学校该有的样态。"上"，作为校训，最为恰当。因为"上"可以赋予更丰富的意蕴：一是上新河小学之上也，传承百年老校之神韵；二是上下求索之上也，拥有向上攀登之信念；三是上善若水之上也，培育若水一般灵动之智慧。

"新"，是这个时代的特征，以此为教风，还是很有意味的。因为"新"可以从以下几个方面做出诠释：一是新追求，与时俱进，追寻梦想；二是新理念，革故鼎新，生长思想；三是新举措，改进行为，创新实践；四是新成效，稳步发展，日新月异。

"河"，是"和"的谐音。"和"字意味无穷，自古就有"礼之用，和为贵""家和万事兴""君子和而不同"等说法，"和"是中华优秀传统文化之意蕴，用"和"作为校风既能体现这所百年老校的风韵，也能体现中华优秀传统文化在这所学校的传承。作为校风的"和"有着如下的意味：一是和谐，追求和谐的发展；二是和顺，拥有平和的心态；三是和睦，营造融洽的氛围；四是合适，创造适合的教育。

学风该怎么确定呢？就在百思不得其解的时候，我想到了《礼记·学记》中的一句话："善问者如攻坚木，先其易者，后其节目，及其久也，相说以解。"想到教育家陶行知先生的一首诗："发明千千万，起点是一问。禽兽不如人，过在不会问。智者问得巧，愚者问得笨。人力胜天工，只在每事问。"还想到了科学家李政道先生说的话："学问学问是要学会问，而不是只学会答。"问，一下子闪现在了我的脑海里。问，对于儿童的学习来说是何等的重要啊！然而，当下的教育却忽视了儿童的"问"，导致儿童在学校、在课堂不敢问，不会问。用

"问"作为学风，引导和鼓励儿童在生活中、在学习中萌"问"、想"问"、敢"问"、会"问"、乐"问"、善"问"。问，是新时代儿童应该具有的思维品质和求学之道，是合乎核心素养立意的育人要求的。那么，怎么引导儿童"问"呢？于是，我便把"问"做了这样的解读：一是问源，刨根问底，探寻源头；二是问流，自主实践，建构联系；三是问法，习得方法，生成智慧。

一番深思熟虑、推敲琢磨后，学校新的"一训三风"诞生了。并且在校园文化整体布局的时候，把其展示在学校大厅的四根立柱之上。

如今，走进学校的那些退休老教师看到大厅柱子的"上""新""和""问"这四个醒目的大字，感慨良多，找到了回家的感觉；来到学校参观的老师、专家看到大厅柱子的"上""新""和""问"这四个醒目的大字，亦赞叹有加，认为这样的"一训三风"富有创意，更有深意与传承。

第三辑

务本·回归本真的语文

用语文的方式教语文，让语文教学合乎学生身心发展规律和核心素养形成的内在逻辑，促进全体学生的全面发展。

让语文回归正常

正常，其实是一个极为平常的词汇，在《现代汉语词典》中是这样解释的："符合一般规律或情况。"然而在当下，"正常"一词却变得有些不寻常了，似乎成了人们的一种奢求。因为在日常生活中时常会发生一些不正常的事情，给人们的生活带来了诸多不必要的麻烦。所以人们希望一切能够回归正常——正常学习，正常工作，正常生活。

回归正常，就是回到符合事物发展的一般规律上来，使事物发展归于常态，变得自然，教育也概莫能外。教育回归正常，就是要让教育能够符合教育的规律和学生身心发展的规律，让受教育者在实践中自我学习，自然成长。

语文，是素质教育课程体系中一门最为基础的课程。回归正常，让语文在素质教育中发挥学科育人的应有作用，这应该是每一位语文教师正常的价值追寻和教育责任。

语文回归正常，就是要让语文回归到儿童世界当中来。儿童是语文学习的主人。语文教学要立足儿童，成就儿童。这些都已经成为语文教师的共识。然而这样的共识，在当下的一些课堂中并没有真正落实在教学当中。教学中，教师把儿童当作教化对象的情况依然不在少数，儿童被动接受、无奈服从的现象还屡见不鲜；把课堂看作炫技场所的教师依然大有人在，儿童被动学习、沦为看客的现象还时常发生。这其实都是一些不正常的现象。这些不正常的现象导致语文教学中儿童的缺席。这种缺席自然就导致语文教学的错位。长此以往，儿童自然就会对语文学习失去兴趣。所以，让语文回归正常，必须要站在儿童角度思考问题、设计教学，切实地把课文转化为儿童学习国家通用语言文字运用的情境，淡化教师的"教"，强化儿童的"学"，使儿童在积极主动的阅读、思考、探究的过程中，经历一种"踏破铁鞋无觅处"的艰辛和困惑，获得一种"得来全不费工夫"的惊喜和顿悟。而这，才是儿童学习语文的一种正常状态！

语文回归正常，就是要让语文回归到语言文字当中来。语文课程是一门学习国家通用语言文字运用的综合性和实践性课程。学习语言文字运用，是语文课程最本质的属性。所以，让语文回归正常，必须要咬定语言文字不放松，让学生在学习语文过程中能够关注文本所呈现出来的独特的语言现象，体会语言文字的意味和情味，揣摩语言文字的分寸和美感，感受语言文字的张力和魅力，探索和发现语言文字的运用规律。只有这样，才会让学生在学习语言文字的过程中，拥有一听就明、一说就顺、一读就懂、一写就通的智慧。也只有这样，语文教学才会产生一种正能量，为培养学生的语言文字运用能力、提升学生的核心素养发力。而这，才是彰显语言文字迷人风姿的一种正常的语文！

语文回归正常，就是要让语文学习符合语文自身的规律。《义务教育语文课程标准（2022年版）》（以下简称"课程标准"）指出："义务教育语文课程培养的核心素养，是学生在积极的语文实践活动中积累建构并在真实的语言运用情境中表现出来的，是文化自信和语言运用、思维能力、审美创造的综合体现。"所以，让语文回归正常，必须要强化语文实践，让学生在识字与写字、阅读与鉴赏、表达与交流、梳理与探究的过程中，多读多写，日积月累，在丰富的语文实践中体会、把握语言文字的运用规律，形成个体的语言经验。故而，在语文课堂上，要能够以文本为凭借，发挥其例子作用，善于把文本的内容转化为丰富多样的语文实践活动，切实让学生在充满挑战的语文实践当中历练语文能力，生成核心素养。只有这样，才会让学生"在游泳当中学会游泳"，形成能力，生成素养，获得发展。而这，才是合乎语文自身规律的一种正常的语文学习！

语文回归正常，就是要让语文课堂充满一种游戏的精神。语文课堂是学生进行语文实践的主阵地。雅斯贝尔斯说，实践的特性是自由游戏和不断尝试。自由游戏，这正是儿童的一种天性。所以让语文回归正常，还必须要有一种游戏的精神，把语文课堂变成儿童自由游戏的场景，让学生在自由游戏的过程中不断尝试学习语言文字的运用，习得语言文字运用的智慧。只有这样，在游戏精神引领下的语文实践活动才会变得生动活泼，富有情趣。也只有这样，语文课堂才会成为儿童快乐学习的天堂。而这，才是顺应儿童天性的一种正常的语文课堂！

让语文回归正常，让一切都回归正常吧！

回归语文的本原

读了华东师范大学应用语言研究所所长潘文国先生的《100年来，我们用教外语的方式教母语》一文，感慨良多。

潘文国先生认为："中国传统语文教育主要做两件事：识字、做文章。学习西方的语言学后，强调语言分析、语法分析，现在回头来看，这些对母语学习来讲基本没用……学母语跟学外语是两回事，100年以来，我们一直把汉语当作外语来教，这是造成语文教育效果不佳的重要原因。"仔细想来，潘先生说得不无道理。曾几何时，烦琐分析充斥着语文课堂，什么这是主语、那是谓语啦，这是本体、那是喻体啦，如此等等，不一而足。本以为靠这样大量的语法分析就可以提高学生的语文水平，殊不知事与愿违，致使母语教学步入了旁门左道，高耗低效，误人子弟。这不能不说是件遗憾的事！

记得王阳明先生说过："为学须有本原，须从本原上用力，渐渐盈科而进。"本原，乃根本也，即构成事物的基本的、最初的元素。100年来，我们之所以误用教外语的方式来教母语，恐怕是我们对西方语言学过于迷恋，而缺乏对本民族的语言教学的自信造成的。事实上，英国人学习自己的母语——英语，就很少学习语法，他们编的母语教材阅读量就很大，选编了大量的文选作品，诗歌、小说等各种文体都有。他们上课主要是阅读文章，在大量的阅读实践中掌握母语运用的规律。他们深知，上课讲语法浪费时间，得不偿失。其实学习母语靠的就是大量听说读写的语文实践活动，并非是靠语法分析。所以要让语文学习"渐渐盈科而进"，就得要语文回归本原，用语文的方式教母语，把力使在本原上，让学生的核心素养在丰富多彩的语文实践活动中得以提升。

语文回归本原，就是要回到学习语言文字运用这个根本上来。语文课程在素质教育课程体系中有其"独当之任"——致力于培养学生的语言文字运用能力，提升学生的语文核心素养。这就意味着在语文教学中，我们要关注语言文字，最大限度地发挥文质兼美的文本示范作用，充分利用文本所呈现的语言现象，引导学生咀嚼揣摩文本的语言文字，在识字与写字、阅读与鉴赏、表达与交流、梳理与探究的实践当中感受语言文字的张力和魅力，把握语言文字的运用规律，生成语言文字的运用智慧，形成个体的语言经验。这样的语文课，才会发挥出语文课程的独特价值。

语文回归本原，就是要回到我国语文教育的优良传统上来。注重读书、积累和感悟，注重整体把握和熏陶感染，是我国语文教育的优良传统。这就意味着，在语文教学中我们要继承语文教育的传统，最大限度地为学生创设读书、积累和感悟的时机，真正让学生在多读多写的语文实践中体会、把握运用语文的规律。回归传统，其实就是正确把握语文教育的特点，彰显出语文独有的风采，让语文课堂能够多一些整体把握，少一些琐碎分析；多一些自主实践，少一些越俎代庖；多一些熏陶感染，少一些空洞说教。这样的语文课，才会给学生的生命成长注入能量。

语文回归本原，就是要回到全面提高学生的核心素养上来。"课程标准"指出，义务教育语文课程要"面向全体学生，突出基础性，使学生初步学会运用国家通用语言文字进行交流沟通，吸收古今中外优秀文化成果，提升思想文化修养，建立文化自信，德智体美劳得到全面发展"。这就意味着在语文教学中，我们要关注每一位学生，最大限度地调动全体学生学习语文的主动性和创造性，注意学生的个体差异和学习需求，爱护学生的好奇心、想象力、求知欲，激发学生的问题意识和进取精神，让每一位学生都能够亲历语文实践的过程，学语习文，发展思维，历练能力，养成习惯，生成智慧，成为有理想、有本领、有担当的时代新人。这样的语文课，才会给学生带来享受学习母语的快感。

回归本原，用语文的方式教母语，让母语教学合乎学生身心发展规律和核心素养形成的内在逻辑，促进全体学生的全面发展，这是我们的不懈追求和职责所在！

播种语文之美

语文是最具魅力的一门课程，语文之美无处不在。

一个个汉字就是一幅幅美丽的图画，就是一个个神奇的故事。它们聚合着音韵之美、形体之美和意蕴之美。语文教学应该要把汉字的这种美植入学生的心田，让学生爱之，识之，写之。如此，学生就能够在识字与写字的实践中尽情地享受汉字之美所带来的审美快感，感受汉字所蕴含的情趣、意趣和理趣，增强文化自信。

一首首诗词就是一曲曲生命的礼赞，就是一个个人生的体悟。它们融合着建筑之美、声律之美和意境之美。语文教学应该要把诗词的这种美注入学生的心间，让学生爱之，吟之，诵之。这样，学生就能够在涵泳与吟诵的过程中快乐地享受诗词之美所给予的高峰体验，体悟诗词所营造的意境和表达的意旨，感受诗词所具有的独特的文化魅力，增强对中华文化的深厚情感。

一篇篇课文就是一部部精彩的活剧，就是一个个动人的经历。它们凝聚着作者的才情和智慧，文质兼美。从内容上看，都能启迪心智，催人奋进，阅之，能滋养精神生命的成长；从语言上看，都是字字珠玑，美不胜收，读之，能促进语言智慧的生成。语文课应该要把课文的这种美播入学生的心灵，让学生爱之，阅之，悟之。如此，学生就能够在阅读与鉴赏的过程中，汲取滋养生命成长的智慧，实现语言和精神同生共构。

播种语文之美就在于"致力于全体学生核心素养的形成与发展"。而核心素养的形成与发展，要通过语文实践且只有通过语文实践，才能够得以实现。这就意味着语文教学要有强烈的实践意识，要抓住学习国家通用语言文字运用这个核心来展开语文实践活动。客观而言，学生阅读一篇课文，最先接触到的总是课文作为文字的物质存在，就是它在空间里由笔画组成的一个个汉字。它们是按照一定的序列组合起来表情达意的，这就是所谓的形式，任谁都不可能逾越这种形式直接攫取内容。语文教学要关注文本的语言形式，但在关注语言形式的同时不可能也不应该把文本的思想内容撇在一边不闻不问，更不能只关注思想内容，而把语言形式搁在一旁不管不顾。事实上，任何一篇课文都是内容和形式的完美统一，都是独特的"这一个"，其间也不乏遣词造句的精当妥帖之处。语文教学要回归到"正确理解与运用国家通用语言文字"这一正道上来，就要聚焦语言文字，致力于启发引导学生正确地理解课文的语言文字，学习课文是如何运用精当妥帖的语言文字来表情达意的，让学生能够拥有一双善于发现语言独特之处的慧眼，驻足凝视那些精当妥帖的语言文字，品悟语言文字的色香味，体悟语言文字的分寸和情味，感悟语言文字的质感和美感。这是语文的独当之任，也是语文的独特之美。

叶圣陶先生说得好："课文无非是个例子。"播种语文之美还在于充分发挥课文的"例子"作用，合理有效地利用课文来教学生精当妥帖地运用语言文字，使学生能有此自觉的意识和追求。语文教学只有把课文的"例子"作用发挥到极致，才会让学生在学习课文的过程中体悟到理解和运用语言文字之"道"，练就理解和运用国家通用语言文字的本领。这个"道"，既包含工具性层面的东西，又包含人文性层面的东西。从工具性层面来看，这个"道"就是运用语言文字的基本方法与能力，这些方法和能力的获得，能够完善学生运用语言文字的表达智慧；从人文性层面来看，这个"道"就是语言文字传达的思想意蕴，这种思想意蕴的汲取，能够陶冶学生的道德情操，以文化人。

老子说得好："道生一，一生二，二生三，三生万物。"学生明白了这个"道"，就能够举一反三，触类旁通。如此，日日操习，篇篇练习，日积月累，就能学会欣赏语文之美，并在这种乐此不疲的语文实践当中形成能力，养成习惯，生成素养。

语文之美，美人之美，各美其美，美美与共！

培育语文情感

一日，我问一位一年级的小姑娘："你喜欢语文吗？"

她笑眯眯地回答我："喜欢！"

"给我讲讲，你为什么喜欢语文？"我微笑着问道。

"因为我们的语文老师长得很漂亮，说话的声音很好听，我就喜欢上她的语文课。"孩子的话语中流露出一丝甜蜜。

又一日，与朋友家的那位就读五年级的孩子闲聊，谈兴正酣时我笑着问他："你喜欢语文吗？"

他立刻收敛起了灿烂的笑容，一本正经地对我说："不喜欢！"

我颇为纳闷，问道："你爸爸是一位优秀的语文老师，你又这么爱看课外书，怎么就不喜欢语文了呢？"

"因为我们的语文老师老是让我们抄词。哎，烦死了！"孩子的话语中流露出些许无奈。

儿童就是儿童，他们对问题的认识和看法就是这么率真，这么简单，这么感性。两位语文老师的不同行为方式，产生了儿童对语文的不同情感。可见，教师的行为对儿童学习语文的情感影响何其之大！

两位孩子说话时的情景一直萦绕在我的脑际，他们的话语更触发了我对当下语文教学的思考：语文教师到底该何作何为，才能让正在成长的儿童喜欢上语文呢？这是每一位语文教师必须要直面的问题，且要给予一个适切的回答。

语文教学面对的是有血有肉的、充满感情的儿童。语文课程给予他们的应该是一种灵动的实践、一种快乐的体验、一种幸福的生活、一种温暖的生长。语文学习对于儿童来说只有饱含着浓郁的情趣和迷人的魅力，才能够让儿童爱上语文。"课程标准"明确指出："语文课程应引导学生热爱国家通用语言文字，在真实的语言运用情境中，通过积极的语言实践，积累语言经验，体会语言文字的特点和运用规律，培养语言文字运用能力。"其实儿童热爱语文的思想情感是语文教师在语文教学的过程中、在亲历的语文实践中日益培育起来的，是容不得一点懈怠和伤害的。

语文课程丰富的人文内涵对学生精神世界的影响是广泛而深刻的。语文学习呈现给儿童的应该是一种浓郁的情感体验和深刻的思想激荡，而不是一种机械的操练和灵魂的煎熬。这样，儿童在学习语言文字运用的过程中获得的就不是一种冷冰冰的知识，而是一种鲜活的智慧。这样，他们对语文的情感自然就不会是一脸的无奈，而会是满腔的热爱。

其实，情感是需要情感来孵育的。要培育儿童的语文情感，教师首先要对语文充满着情感，成为一个热爱汉字、热爱母语、热爱中华文化的人，用自己的一腔热情去影响儿童，激发和唤醒儿童对汉字、对母语、对中华文化的思想感情。

情感也是需要实践来培育的。要培育儿童的语文情感，还得把儿童置身于学习语言文字运用的实践当中，切实地让儿童在喜闻乐见的语文实践中揣摩和感受语言文字的张力和魅力，习得方法、生成智慧，进而对语文产生一种美好的情感。

情感还是需要智慧来化育的。要培育儿童的语文情感，还得要有一种雪落无痕的方法和润物无声的智慧，以此来化育儿童的语文情感，吊起胃口，激起欲望，产生好奇，使他们对学习语文拥有一种"饥渴感"。而儿童一旦有了这种"饥渴感"，自然就会产生一种学习语文的内在动力，就会乐此不疲地去亲近语文，学习语文，享受语文。

让每一位儿童都能够喜欢上语文，这是语文教学的价值追寻，更是语文老师义不容辞的责任！

"法""度"相融

笔者参加了江苏省统编小学语文"古诗文教学的'法'与'度'"专题研讨活动。这个研讨主题很有意味。我们知道，古诗文是传统文化的瑰宝，是中国人文化自信的重要源泉。这个"法"从大的角度来看，就是立德树人之法，就是古诗文的育人之法。在小学阶段如何通过古诗文的教学来让学生找寻到独属于中国人的那种文化自信，是一个颇有意味且值得探究的问题。

我以为，引导儿童学习古诗文，我们要站在儿童的立场来研究儿童学习古诗文的"道"与"法"。语文教学面对的是儿童，而古诗文所反映的是古代劳动人民生产和生活的情景，这种情景距离儿童的生活比较遥远，理解和感悟起来确实有一些难度。这就需要我们研究儿童，尽可能用儿童喜闻乐见的方式来展开古诗文的教学，拉近时空距离，让学生获得真切的体验。

这是比较上位的"法"。然而在教学过程中，这个"法"就是具体的方法和策略。一是诵读，二是想象。通过诵读和想象，学生沉浸在古诗文所营造的世界当中，接受文化的熏陶，获得美好的享受。

古诗文教学的"法"决定着它的"度"。这个"度"包含着温度、适度和力度。

首先，古诗文教学要有温度。这个温度就是儿童对古诗文的那种亲近感。从某种程度上来说，古诗文是流淌在中国人血液当中的，是中华民族的一种文化基因。其实，古诗文对儿童有着一种天然的吸引力，不少家长从幼儿园开始就让孩子背诵古诗文了。儿童对古诗文的学习确实需要有一种温度，而这种温度来自于对儿童天性的呵护、灵性的激发和悟性的培育。其实古诗文教学一旦拥有了这样的温度，学生对古诗文的学习自然就会沉浸其中，甚至乐此不疲。

其次，古诗文教学要适度。适度就是适合、适宜。我们要用适合儿童学习古诗文的方式来教学古诗文。"诗无达诂"，儿童学习古诗文当以兴趣为先，诵读为上，积累为要，不宜做过深的解读和过度的拔高。对于古诗文的解读要能够贴近儿童的实际，符合儿童的认知，易于让儿童理解和接受，易于让儿童更好地诵读和积累。

再次，古诗文教学要有一定的力度。这种力度，一是文化的力度。古诗文是中华优秀传统文化之精华，其有着强大的文化张力和艺术魅力。古诗文可以吟之，可以唱之，也可以配上音乐和灯光来舞之蹈之。古诗文的文化力量，熠熠生辉，震撼人心，能给人带来一种多感官的享受。二是思维的力度。古诗文是一种独特的文化现象，有其自身的特点和规律。在教学过程中，我们要让学生去认识其特点，了解其规律，进而爱上古诗文，而这种认识和了解的过程则需要思维的参与。所以我们在教学时要注意激活学生的思维，让学生的思想智慧在诵读和想象的过程中发力生长。三是审美的力度。尽管大部分古诗文篇幅短小，但它意蕴丰厚，正因如此方才流传至今。其在当下依然闪耀着一种育人的活力，彰显着一种审美的价值。所以在教学过程中，我们要通过各种方式让学生去感受和欣赏古诗文的音律之美、建筑之美和意蕴之美。四是生长的力度。儿童是成长发展中的人，古诗文的教学要能够促进儿童的生长，真正让儿童在学习古诗文的过程中获得一种生长的力量。

道法自然。在教学古诗文的过程中，如果我们能够做到目中有人，手中有法，心中有度，"法""度"相融，相得益彰，这样古诗文教学就能够发挥出其应有的魅力和活力，就能够让儿童在学习古诗文的过程中对中华文化的生命力增强信心，就能够让儿童获得更好的发展。

语文课程新理念

翻开 2022 年版"课程标准"，一股清新的气息扑面而来。在素养立意的新时代，语文课程为了落实立德树人根本任务，必须要与时俱进，确定全新的课程理念，转变教学方式，致力于全体学生语文核心素养的形成与发展。为此，"课程标准"确立了五大语文课程理念。可以想见，这五大语文课程理念必将引领语文教学改革的方向，给语文教学注入新的活力，展现新的样态。然而，这五大理念需要我们用自己的心力去理解，把握其精髓，更好地去践行。

一、语文课程目标：以核心素养为纲

从课程目标来看，语文课程在推广普及国家通用语言文字、增强凝聚力、铸牢中华民族共同体意识，建立文化自信、培育时代新人、实现中华民族伟大复兴等方面具有不可替代的作用。"课程标准"确立以核心素养为纲的课程目标，强调要"立足于学生核心素养的发展，充分发挥语文课程的育人功能"。核心素养是学生通过课程学习逐步形成的正确价值观、必备品格和关键能力，是语文课程育人价值的集中体现。

以核心素养为纲的语文课程围绕立德树人根本任务，进一步明确"培养什么人、怎样培养人、为谁培养人"，充分发挥语文课程独特的育人功能和奠基作用，以促进学生核心素养发展为目的，以识字与写字、阅读与鉴赏、表达与交流、梳理与探究等语文实践活动为主线，综合建构素养型课程目标体系。语文课程独特的育人功能和奠基作用，一是"致力于全体学生核心素养的形成与发展，为学生学好其他课程打下基础"；二是"为学生形成正确的世界观、人生观、价值观，形成良好个性和健全人格打下基础"；三是"为培养学生求真创新的精神、实践能力和合作交流能力，促进德智体美劳全面发展及学生的终身发展打下基础"。素养型课程目标以核心素养为导向，以语文实践活动为主线，促进学生的文化自信和语言运用、思维能力、审美创造的综合发展，彰显以文化人的育人价值。

语文课程以核心素养为纲，是为了实现"全体学生"的"全面发展"，突出基础性，加强识字与写字、日常会话、语言及文化积累、阅读与鉴赏、表达与交流、梳理与探究、学会学习等语文关键能力的培养，使学生初步学会运用国家通用语言文字进行交流沟通；激发和培养学生热爱国家通用语言文字，热爱中华文化，感受语言文字及作品的独特价值，认识中华文化的丰厚博大，汲取智慧；继承和弘扬中华优秀传统文化、革命文化、社会主义先进文化，提升对中华文化的认同感和自豪感，建立文化自信；选择和吸收反映世界优秀文化的成果，提升思想文化修养，促进学生德智体美劳全面发展。

对语文课程目标的把握，需要将自上而下几个层面的要求融会贯通。要站在全面落实有理想、有本领、有担当的时代新人培养要求的高度，来理解语文课程对学生核心素养培育的重要使命，把握课程总目标如何指向核心素养，以及学段目标和以学习任务群组织的课程内容之间的关系。当我们将课程目标具体化为课堂教学目标的时候，尤其需要以这种整体性的认识为前提，不要孤立地去认识零散的知识和能力。

二、语文课程结构：以学习任务群为载体

素养型语文课程结构以语文学习任务群来建构。语文学习任务群的建构以核心素养为纲，遵循学生身心发展规律和核心素养形成的内在逻辑；以语文实践活动为主线，让学生综合运用识字与写字、阅读与鉴赏、表达与交流、梳理与探究等方式展开学习；以生活为基础，强化语文与社会生活的联系，让学生在真实的生活情境中学习语文，实现语文学习内容、学生学习活动与社会生活三者之间的和谐互动；以学习主题为引领，突出中华优秀传统文化、革命文化、社会主义先进文化等重大主题内容的学习，实现以文化人、培根铸魂；以学习任务为载体，整合学习内容、情境、方法和资源等要素，让学生在真实而有意义的学习情境中自主、快乐地"做事"，在"做事"的过程中逐步形成正确价值观、必备品格和关键能力。

语文学习任务群是语文课程内容的组织与呈现方式。义务教育语文课程按照内容整合程度不断提升，分三个层次设置了"语言文字积累与梳理""实用性阅读与交流""文学阅读与创意表达""思辨性阅读与表达""整本书阅读""跨学科学习"六个贯穿于四个学段的语文学习任务群，体现语文课程的阶段性和发展性。六个语文学习任务群的安排注重整体规划、螺旋发展，既观照学段特征，又强调每个学段之间学生发展的连贯性和适应性，突出学段衔接的要求，突出学生学习语文的特点，突出义务教育阶段语文课程的任务。

每个语文学习任务群融合了学习主题、学习活动、学习情境和学习资源等关键要素，规定了学什么、学到什么程度、怎样教、怎么学、怎么运用、怎么评价，实现"教—学—评"的一致性，促进学生在学习国家通用语言文字运用的过程中发展核心素养。

三、语文课程内容：以时代性和典范性为特质

义务教育语文课程突出内容的时代性，充分反映当下人们的文化生活、精神风貌以及社会发展的新成就，体现未来社会人才培养的新要求。语文课程内容的时代性主要体现在"三新"：一是充分吸收语言、文学研究新成果。如，吸收文学界响应习近平总书记"把握民族复兴的时代主题"的号召，结合百年党史和文学史，用百年视野对文学发展历程的回顾和总结，对文学的本质内涵和文化价值的反思等成果，彰显文化自信。二是关注数字时代语言生活的新发展。当今世界正处在全新的数字时代，信息技术不断创新发展，以数字化手段处理信息并有机整合人类主要生产生活要素，其与时俱进、兼容并蓄、资源共享的鲜明特征，为语文课程发展提供新平台、创造新机遇。三是体现学习资源的新变化。科学技术已经深深影响了社会生活形态和语文课程的发展。网络资源平台拓展了学习空间，丰富了学习资源，整合了多种媒介的学习内容，使得信息技术与语文教学进行了深度融合。

在强调语文课程内容的时代性的同时，还要追求课程内容在遣词造句与表情达意上的精准妥帖，突出内容的典范性，精选那些既富时代特征又文质兼美的作品供学生学习。文质兼美的"文"是作品的外在形式、语言品位，包括语言表达、遣词造句、表现手法、结构安排等；"质"是作品的内在因素、价值取向，包括思想感情、主旨意趣、意见主张等。为了彰显语文课程的育人功能，这里的"质"更要突出中华优秀传统文化、革命文化、社会主义先进文化对学生的价值引领，也要关注反映世界文明优秀成果、科技进步、日常生活特别是儿童生活等方面的主题对学生的影响。这种既富时代特征又文质兼美的作品，堪称典范，能充分发挥语文课程内容对学生思想情感的熏陶感染作用。

优化以时代性和典范性为特质的语文课程内容，要加强课程内容整合。语文课程内容整合，一要注重语文课程内容与生活、与其他学科的联系，让语文更加鲜活，使语文学习更加生动有趣。二要注重听说读写的整合。语文课程内容要促进学生听说读写能力的形成和发展，听说读写从来都不是各行其道，而是互相促进、相辅相成的有机整体。听、读是吸收，说、写是倾吐。听、说、读、写能够沟通内部语言和外部语言，实现学生语言经验和语言能力的协同发展，提高学生的语言品质。三要促进知识与能力、过程与方法、情感态度与价值观的整体发展。知识与能力、过程与方法、情感态度与价值观三者之间是相互依存、相互支持的，构成了一种多向度的、融为一体的交互关系。加强课程内容整合，能促进知识与能力、过程与方法、情感态度与价值观的整体发展。

四、语文课程实施：以语文实践活动为主线

学习需要在情境中进行，真实情境中的学习不仅基于学科逻辑，还需要尊重学生的认知规律，符合生活的常识，是个人、学科与社会三方面共同作用的结果。语文实践包含两个层面的活动：一是显性层面的活动，由听、说、读、写的活动以及促进听、说、读、写等感知的活动组成；二是隐性层面的活动，即在显性层面活动中所产生的理解、感悟、品评、运用等思维活动。

语文课程内容主要以学习任务群加以组织与呈现，语文学习任务群由相互关联的系列学习任务组成，具有情境性、实践性、综合性。语文课程要"增强课程实施的情境性和实践性，促进学习方式变革"。

以核心素养为纲的语文课程实施，以学生的学习为主线，变革教

师教学方式，以教促学，变教为学，从学生语文生活实际出发，创设丰富多样的学习情境，设计富有挑战性的学习任务，激发学生的好奇心、想象力、求知欲，在真实的生活情境中进行自主、合作、探究学习，学会学习，促进核心素养的发展。

以语文实践为主线，需要关注以下几个方面：一要注重积累。引导学生在丰富的语言实践中，主动地积累、梳理和整合，在语言建构和运用的过程中，培养良好的语感，了解国家通用语言文字的特点和运用规律，积累语言经验，进行有效交流与沟通。二要勤于思考。引导学生在语文学习中积极思考，善于发现问题、提出问题、解决问题，发展思维能力，提升思维品质。三要乐于实践。引导学生在语文学习中，自主而快乐地进行识字与写字、阅读与鉴赏、表达与交流、梳理与探究等语文实践活动。四要勇于探索。在语文实践中，注重激发学生探索未知的兴趣，引导学生在不断尝试和大胆探索的进程中崇尚真知、追求创新、提升素养、发展自我。

语文实践要关注学生的个体差异和不同的学习需求，要因材施教，因人施策，引导学生在语文实践中自主阅读、自主发现、自由表达，形成良好的个性和健全的人格。

倡导以语文实践为主线，就是倡导少做题，用少量、优质的作业帮助学生获得典型而深刻的学习体验，减轻学生课业负担，保证学生有时间读书。多读书，就是让学生多去读书，以确保九年义务教育阶段每一个学生的课外阅读总量都在405万字以上，坚持做好兜底工作，多多益善。好读书，就是要激发和培养学生的读书兴趣和读书习惯，以书为友，手不释卷。读好书，一是要引导学生去选择阅读那些文质兼美的经典书籍，时刻与好书相伴相随；二是要引导学生讲究读书的方法，重视读书的效果，能从书中汲取营养，获得语言文字的运用智慧以及人文精神的熏陶感染。读整本书，就是要避免快餐式、碎片化的阅读，追求读书的完整性，拥有持续的专注性。在整本书阅读的过程中，学生可以吸纳更为丰富的文化信息，获得更为完整的文化印象，形成更为完整的思想认识。

语文课程实施还要注重充分发挥现代信息技术的支持作用，拓展语文学习空间，提高语文学习能力。

五、语文课程评价：以促进学生发展为导向

义务教育语文课程评价要以有利于促进学生学习，改进教师教学，全面落实语文课程目标为导向。"促进学生学习"，就是通过评价，引导学生发现自己的优势和不足，激发和唤醒自信心和求知欲，反思学习行为，进一步优化学习方式，拓展学习内容，提高学习能力。"改进教师教学"，就是突出评价的诊断功能，通过评价教师能够发现教学的不足之处，改进与优化教学的方法和路径，唤醒专业发展的自觉。

评价不是为了甄别，而是为了发展。评价，贯穿于课程研发、组织、实施的全过程，影响课堂教学目标设定、过程推进，促进"培育有理想、有本领、有担当的时代新人"育人目标的达成。所以，义务教育语文课程倡导课程评价的过程性和整体性，重视评价的导向作用。

倡导课程评价的过程性，就是引导教师要关注语文学习的全过程，关注学生学习的常态，通过课程评价，准确反映学生的语文学习水平和学习状况，注重考察学生的语言文字运用能力、思维过程、审美情趣和价值立场，关注学生的学习过程和进步情况。这样的评价应多一些个体的纵向比较，少一些群体的横向比较。纵向比较，评价出的是学生自己学习的变化和进步，能够增强学生的自信心，而横向比较，

评出的是学生之间的差距，容易挫伤部分学生的信心。关注评价的过程性，要根据各学段学习内容和学业质量要求，广泛收集课堂关键表现、典型作业和阶段性测试等关键数据，进而对学生的语文学业质量给出综合性评定。在过程性评价中，教师如何采集学生信息、采集什么信息、如何借助工具进行数据分析、用何种方式呈现科学公正的过程性评价，都要依据"课程标准"的具体要求进行实践与创新。

课程评价还要引导教师关注核心素养的整体培养，从评价目标、评价内容、评价对象、评价方式、评价主体等方面，选用恰当的评价方式，抓住关键，突出重点，体现语文课程评价的整体性和综合性。评价目标不仅有"学"的目标，还有"教"的目标，不仅有当下学习的目标，还有未来发展的目标。整体设计多重的评价目标，有利于提升评价的整体水平。评价内容的整体性体现在语言文字的积累与运用、思维能力的发展与提升、审美创造的涵养与丰富、价值立场的生成与坚守。评价内容的整体设计指向学习任务群的策划与实施，指向学生核心素养的形成与发展。评价方式强调要根据不同年龄学生的学习特点与不同学段的学习目标，立足学生的长远发展与全面发展，体现评价的整体性与阶段性。评价主体的整体性和综合性体现在教师、家长、同伴还有学生个体共同参与评价，在多元互动与对话的过程中，引导学生积极主动地参与评价，促进核心素养的整体发展。

建立以促进学生发展为导向的语文课程评价体系，引导教师关注学生学习语文的过程与方法，关注核心素养的培养与发展，关注诊断功能的价值与效益，优化学生"学"的方式与教师"教"的方式，不断提升课程建设、课堂教学的质量，充分发挥语文课程的育人功能。

语文教学新境界

　　素养立意，是"课程标准"的新追寻，其必然给语文教学带来新的变化，展现出新的境界。素养立意的语文教学是高质量落实立德树人根本任务的应然追求与实然状态。实施素养立意的语文教学，必须要准确地理解和践行义务教育语文课程的基本理念，科学地把握学生核心素养发展的基本规律，能根据课程目标、课程内容和学业质量的要求，创造性地开展语文教学，充分发挥语文学科独特的育人功能。为此，"课程标准"在"教学建议"中提出了四点建议，为素养立意的语文教学指明了方向与路径。

一、立足核心素养，彰显以文化人的育人导向

　　语文课程是义务教育阶段最为重要的基础性课程，立德树人是其根本任务，清晰、明确地体现教学目标的育人立意。文以载道，文道统一。语文课程的育人功能不是靠教师的说教和灌输就能够发挥出来的，而是主要依靠学生自己对语文课程的潜心学习化而得之的，是通过"以文化人""学以成人"来彰显其独特的育人价值与学科魅力的。"化"是春风化雨之化，是潜移默化之化。"以文化人"是一种和风细

雨式的熏陶与滋润，而非一种假大空式的说教与灌输。语文教学要给予学生"有如时雨化之"的学习语言文字运用的酣畅淋漓之感。

教师要深刻理解核心素养的内涵，全面把握语文课程的育人价值，既要关注"文"，又要深度挖掘"文"中之"道"，突出文以载道、以文化人。教学时，教师要创设真实的学习情境，设计富有挑战性的学习任务，引导学生在学习语言文字运用的过程中，逐步树立正确的世界观、人生观、价值观，体认和传承中华优秀传统文化、革命文化、社会主义先进文化，积淀深厚的文化底蕴，增强文化自信，落实以文化人。

课堂是实施以文化人的主阵地。以文化人的语文课堂是自由而开放的课堂，是积极做事的课堂。课堂上，教师要发挥好主导作用，做到既要敢于放手，"把鱼儿放到水里去让它自己游"，又要适度介入，时而"大鱼带着小鱼游"，还要授之以渔，适时地引导学生总结做事的方式方法。如此就能调动学生做事的积极性和创造性，让学生真正地学起来、习起来、动起来、忙起来，拉长和放大做事的过程，把做事的经历变成一种经验和智慧，使课堂真正成为学生学做事、做成事、做正确事的"学堂"，使学生的文化自信和语言运用、思维能力、审美创造的综合素养在学习语言文字运用的过程中得到整体提升。

语文课程对人的关注与培养是通过识字与写字、阅读与鉴赏、表达与交流、梳理与探究这些具体而实在的语文实践活动来实现的。语文核心素养的养成就像学习游泳一样，不是靠教师烦琐分析和精细讲解就能够奏效的，而是靠学生自己在实实在在的语文实践活动中历练而成的。无论是文化自信，还是语言运用、思维能力和审美创造，都要依靠学生个体亲身参与语文实践活动才能形成。所以，语文课程育人功能的发挥要以语文实践活动为主线，让学生在真实的情境中扎扎实实地开展语文实践活动，学以成人。

实现学以成人，语文教学要依据学习任务群，为学生设计形式多样、富有思维含量的学习任务，把学生引入语文世界当中，通过识字与写字、阅读与鉴赏、表达与交流、梳理和探究等积极的语文实践活动，理解作品的内容、体会作品的思想情感、领悟作品的表达特点、与作品共情共鸣，获得言语智慧的滋养和人文精神的熏陶，进而产生成长的力量，彰显以文化人的育人导向。

值得一提的是，在设定教学目标时教师要系统梳理课程目标、阶段目标、语文学习任务群的教学内容和教学提示以及学业质量要求中的内容，注意把握核心素养四个方面整体交融的特点，做到既有所侧重，又融为一体，避免将核心素养四个方面简单罗列，分开表述。教学目标要准确清晰、可观可测，力求发挥其定向、反馈与指导作用。

二、依托学习任务，整体规划学习内容

语文学习任务群是在课程内容组织上的创新，但它也给教师确定教学内容带来了挑战。学习任务群与单篇教学不同，具有鲜明的情境性、实践性和综合性等特征。在课程实施过程中，教师要明确语文学习任务群的定位和功能，准确理解语文学习任务群的学习内容和教学提示，综合考虑教材内容和学生情况，设计不同类型的学习任务，依托学习任务整合学习情境、学习内容、学习方法和学习资源，安排连贯的语文实践活动，体现语文学习任务群的特点。

首先，要整体把握语文课程内容，体现学习内容的系统性和结构化。"课程标准"以核心素养为纲，构建一个由总目标、学段要求、任务群内容和学业质量评价等构成的多层次目标和内容体系，追求语言、

知识、技能和思想情感、文化修养等多方面、多层次协同发展的综合效应。总目标高度凝练，学段要求分别描述学生在某学段学习后的学业表现，学习任务群对学习内容和教学提出具体要求，学业质量标准是不同学段各学习领域的终结性要求和考查要点，四者构成一个由总到分、由概括到具体的课程内容体系。教师要全面把握、整体规划课程内容，做到心中有全局，教学有重点，避免教学内容的碎片化和随意性。

第二，要注重课程内容的螺旋式进阶，体现学习内容的连续性和差异性。在课程实施的过程中，教师要能够关注学习任务群之间的内在联系，以及同一学习任务群在不同学段的连续性和差异性，准确把握学习任务群之间的纵向衔接和横向呼应，并基于学生的认知发展水平，创设真实的学习情境，设计富有挑战性的学习任务，引导学生在学习语言文字运用的过程中发展核心素养。比如，对于"识字与写字"实践中的兴趣和习惯的要求，第一学段是"喜欢学习汉字，有主动识字、写字的愿望"，第二学段是"对学习汉字有浓厚的兴趣，养成主动识字的习惯"，第三学段是"有较强的独立识字能力"，第四学段是"能熟练地使用字典、词典独立识字，会用多种检字方法"。这些要求随着年级的变化而逐步提高，体现出螺旋式进阶的特点。在教学时，教师就要准确把握这些要求，实施精准教学，循序渐进地培养学生热爱汉字的情感。

第三，要协调好课文、单元与其他课程资源之间的关系，体现学习内容的关联性和多样性。学习任务群并不都是多篇课文教学，也不排斥单篇课文教学，而是根据学习任务和单元主题来选择文本资源。这些文本资源的功能定位各有不同：有的是定篇，就需要精读；有的则是验证某个核心概念的例文，只要略读即可；有的单篇课文可以设计多个学习任务；有的一个学习任务可以涉及整个单元的多篇课文。学习任务群教学要从单元整体入手，注重语文与生活的结合，注重听说读写的内在联系，处理好课文、单元与其他课程资源之间的关系，使得语文教学既见树木亦见森林，更见生活。

第四，要因地、因校、因人精简教学内容，助力"双减"目标达成。在课程实施的过程中，教师要关注不同地区、不同学校和不同学生的差异，遵循学生身心发展规律和核心素养形成的规律，合理安排学习内容，把握学习难度，组织学习活动；要能够根据学生需求提供必要的学习支持，引导学生在完成任务、解决问题的过程中积累语文学习经验，发展未来社会和生活所需的基本素养，在确保基本目标达成的基础上，鼓励学有余力的学生追求更高的学习目标；要坚持以人为本，以促进学生核心素养的发展为目的，加强课堂教学研究，追求"轻负高效"的课堂生态，避免死记硬背和机械训练，切实减轻学生学习负担；要注意幼小衔接，减缓坡度、降低难度，增强学习的趣味性和吸引力，让学生从小就能爱上语文学习，爱上中华文化。

三、创设学习情境，增强语文学习的实践性

语文核心素养的形成与发展离不开真实的语言运用情境与积极的语文实践活动。脱离具体情境，学生获取的大多是静态的语文知识。创设真实而富有意义的学习情境，引导学生在情境中积极参与识字与写字、阅读与鉴赏、表达与交流、梳理与探究等语文实践，才利于学生积累语言经验、把握语文规律、建构语文能力、发展核心素养。

"课程标准"强调语文教学应"创设真实而富有意义的学习情境，凸显语文学习的实践性"。增强课程实施的情境性和实践性，旨在促进

学习方式的变革。"真实"的语文学习情境源于生活中语言文字运用的真实需求，服务于解决现实生活的真实问题。真实的学习情境能有效打通语文学习和社会生活、学生经验之间的关联。"有意义"则是指学习情境符合学生认知水平，贴近学生已有的知识经验，能整合关键的语文知识和语文能力，引导学生亲历运用语文知识解决典型问题的过程，掌握解决问题的基本方法。值得注意的是，真实的语文学习情境并不是一定要把学生带入生活现场去学习。完全真实的生活学习情境可遇不可求，教师可创设与真实生活尽可能接近的相似关系和对应要素的学习情境，类似于搭建一个"实习场域"，引导学生参与实践，完成学习任务。学生在"实习场域"中掌握的解决问题的基本步骤与方法，可以迁移到真实生活中，解决类似问题。这样的学习情境、实践活动应该是"真实而有意义"的。教师在创设真实而有意义的学习情境时要注意以下几点：

第一，真实而有意义的学习情境的创设要贴近学生的最近发展区，激发学生的好奇心、想象力、求知欲，激活学习任务与学生真实生活、经验世界之间的联系，引导学生展开积极的语文实践活动。

第二，真实而有意义的学习情境的创设要利用无时不有、无处不在的语文学习资源与实践机会，引导学生关注家庭生活、校园生活、社会生活等相关联的经验，增强在各种场合学语文、用语文的意识，让学生在开放的语文学习空间里、在多样化的日常生活场景中学习语言文字的运用。

第三，真实而有意义的学习情境的创设要设计包裹核心知识的驱动性问题来激发学生探究问题、解决问题的兴趣和热情，让学生经历探索、发现语言文字的特点和运用规律的过程，学习掌握解决典型问题的方法，培养在真实情境中运用语文知识和方法解决复杂问题的能力。

第四，真实而有意义的学习情境的创设要能促进真实学习的发生，激活学生参与学习的积极性和创造性，最大限度地满足学生的学习需求，让每一位学生都能够参与到学习语言文字运用的情境中来，享受学习，生动发展。

四、利用网络资源，促进信息技术与语文教学的深度融合

互联网时代，信息技术和人工智能给语文教学带来了重大而深远的影响。"课程标准"中"关注互联网时代语文生活的变化，探索语文教与学方式的变革"这条建议主要是基于信息技术与语文课程的整合而提出的教学建议。

第一，要关注互联网时代日常生活中语言文字运用的新现象和新特点，认识信息技术对学生阅读和表达交流等带来的深刻影响，把握信息技术与语文教学深度融合的趋势，充分发挥信息技术在语文教学改革中的价值和功能。

第二，要重视互联网技术给教学环境带来的变化。互联网、大数据改变了语文教育的资源环境，使得语文学习资源无处不在，触手可及，能够解决传统语文教学中资源匮乏、情境缺失、参与度不高、反馈滞后等问题。教师要善于利用网络资源平台拓展学习空间、丰富学习资源，整合多种媒介的学习内容，提供多层面多角度的阅读、表达和交流的机会，促进师生在语文学习中的多元互动。

第三，要积极探索互联网环境下语文教与学的变革。教师一要充分利用网络平台和信息技术工具，创设真实的学习环境，支持学生开展自主、合作、探究性学习，为学生个性化、创造性学习提供条件，

优化学生的学习方式；二要充分发挥大数据优势，分析和诊断学生学业表现，优化教学，为学生提供及时、准确的反馈和个性化指导，促进学生核心素养的发展；三要积极关注互联网时代语文生活的新变化，探索线上线下相结合的混合式语文学习，丰富和拓展语文教学的方式。

第四，要注意防止信息技术所带来的负面影响。信息技术对于语文教学而言是一把双刃剑。既要防止技术至上和网络沉溺造成人际交往的缺失，又要正确认识信息技术对阅读习惯、写字能力、深度思考等可能产生的影响，做到扬长避短、使用适度。

从叶圣陶题词说开去

1980年国庆，著名语文教育家叶圣陶先生给南京小学生写过这样的话："作文课是练习用自己的话表达自己要说的意思。模仿不是好办法，抄袭是自己骗自己。我恳切希望小朋友们记住这两点。"四十多年过去了，细细品味老先生的这番话，其对当下的习作教学依然有诸多启发。我不禁想起叶圣陶先生的另一题词："何以为教？贵穷本然，化为践履，左右逢源。"作为语文老师，要教学生写作文，关键要穷其本然，化为实践，这样就会达到左右逢源的境界。联系起来看，叶老的题词至少给我们以下思考和启发。

一、作文是什么

这是一个最为朴素的问题，也是一个本源性的问题。那么，作文是什么呢？叶圣陶先生在题词中已经说得很清楚了。作文就是"用自己的话表达自己要说的意思"。这里的"自己"就是儿童，就是学生自己。这自然又引申出两个值得关注的问题来。

第一，何为"自己的话"。自己的话，就是发自内心的真话、实话、心里话，不说假话、空话、套话，不去抄袭，就是"诚实的话，非由衷之言不发，非真情实感不写"的话。那么，什么是诚实呢？叶圣陶先生说过，诚实就是有什么说什么，内心怎么想怎么感，笔下便怎样写。作文的过程其实就是儿童学习做人的过程。学生说自己的话了，说诚实的话了，说由衷的话了，育人的目标自然就达到了。

一位小朋友写了一首《致最美逆行者》的小诗：

> 舍小家
> 为大家
> 白衣天使逆行者
> 不眠不休抗疫情
> 全民行动意坚定
> 横扫病毒迎光明

这首小诗就是用自己的话表达了对逆行者的一种敬意和赞美，就是儿童诚实的自己的话，是他的由衷之言，是他的真情实感的流露。所以我们要确立一个意识，作文是属于儿童自己的，是儿童自己的一种生活需求，是儿童自己生活的一种真实再现，是儿童自己情感的一种自然流淌。因为只有儿童作文才是属于儿童的，只有儿童作文才是为了儿童的，只有儿童作文才是从儿童的实际需要出发的，只有儿童作文才是关注儿童的生活体验和心灵感悟的，也只有儿童作文才会发抒出儿童诚实的自己的话。作文就是童眼看世界、童心感受世界、童言表达世界的自然倾吐。

第二，怎样让儿童产生"自己要说的意思"。叶圣陶先生说："我们不能只思索作文的法度、技巧等问题，而不去管文字的原料——思想情感等问题，因为我们作文，无非想着这原料是合理，是完好，才动手去作的。"这就意味着我们在引导学生写作的时候，首先要关注的是文字的原料，就是要关注学生有没有思想情感，有没有合理的、完好的文字原料。情动而辞发。可以这么说，作文的最高法度、最大技巧就是学生对作文的思想情感。其实学生拥有了这样的思想情感，他们的作文就有了生长的土壤，就有了思想的厚度，就有了生命的活力，而不会陷入写作技法的沼泽。这样，学生自然就会愿意去写，乐意去写，自然就会产生自己要说的意思。这种思想情感怎么来呢？对此，叶圣陶先生如是说："应该去寻找它的源头，有了源头才会不息地倾注出真实的水来。这源头就是我们充实的生活。生活充实，才会表白出、发抒出真实的深厚的情思来。"可见，真实的深厚的情思是从生活而来。所以，要让儿童产生"自己要说的意思"，就得要关注儿童的生活，确立"生活第一"而不是"写作第一"的理念。只有引导儿童关注生活、体验生活、融入生活，才会激起儿童对生活的热情，帮助他们积累丰富的生活经验，使他们产生一种用笔来书写生活的欲望，从而表白出或者抒发出真实而深厚的情思来。具体来说，我们要从以下方面着力。

一是要关注儿童的真实生活。儿童是成长中的人，儿童与成人是不一样的。一次，一位女教师对我说，她儿子说了一句让她激动了一个晚上的话。夏天的傍晚，她带着上幼儿园的儿子在小区里活动，孩子在草地上奔跑的时候把拖鞋跑掉了。他就光着小脚丫跑过来对她说："妈妈，光着脚在草地上走路真舒服，小草给我挠痒痒了。"一个幼儿园的小朋友光着小脚丫在草地上走路的时候，有了一种独特的体验和真切的感受，就用自己的话表达了出来，多好啊。这就是儿童的真实生活。其实儿童并不缺少生活，他们的生活很丰富，也很精彩。因此我们要引导学生做生活的有心人，学会留意生活，善于发现精彩，培养敏锐的生活感受能力。

二是要回归儿童的精神世界。让儿童产生自己要说的意思，我们要心怀宽容和赏识，守护儿童的天性、唤醒儿童的灵性、激发儿童的悟性、张扬儿童的个性，切实消除学生对写作的神秘感或畏惧感，鼓励学生用自己的话自然表达自己的生活和情感，真正让学生感觉到写作是记录自己喜怒哀乐的一种需要，就如同吃饭睡觉一样，成为滋养生命成长的一种需要。儿童写作是一种慢养的艺术，需要我们有足够的耐心和定力，静待花开。

一位三年级的农村小朋友写了《我的理想》这篇习作：

> 阿爹还没走的时候，他对我说你要好好学习，天天向上，长大做个科学家。阿妈希望我长大做个公安，说这样啥都不怕。我不想当科学家，也不想当公安。我的理想是变成一条狗，天天守在家门口。因为阿妈胆小怕鬼，我也怕。但阿妈说狗不怕鬼，所以我要做一条狗，这样阿妈和我就都不怕了。

这位小朋友的理想是变成一条狗。然而从字里行间，我们可以看出这位同学的精神世界是柔软的、明亮的。他的爱心、孝心从他的理想当中汩汩地流淌了出来。所以我们在看学生作文的时候，不能仅仅只看文，更重要的是看文字背后的那个人。这位小朋友通过作文表达了他的理想，透露出了他的内心世界和生存状态，这是一种值得褒奖的文风。因此，我们要关注儿童的精神世界，应引导学生通过写作把自己的见闻、体验和想法真实而自然地表达出来。

三是要尊重儿童的话语方式。儿童就是儿童，儿童有着属于自己的独特的话语方式。这位三年级学生的理想是变成一条狗，从儿童的视角来看很务实，很动情，也很感人。我们不要以为理想只应是高大上的愿望，爸爸让他怎么样，妈妈让他怎么样，那是成人的想法。面对家庭的这种际遇，这位学生觉得自己要变成一条狗来守护妈妈，这是属于儿童的思维方式，也是儿童的话语方式。童言无忌，儿童身上就保留着这种弥足珍贵的天性，这种天性因为真而可贵，因为纯而可爱。这种天性是值得我们倍加呵护的。所以让儿童用自己的话表达自己要说的意思，就得要尊重儿童的话语方式，什么样的儿童说什么样的话，什么年龄说什么年龄的话。这样学生的习作就会多了一些童真童趣，少了一些老气横秋；多了一些纯真的情感，少了一些虚假的伪装；多了一些率性的表达，少了一些刻板的套话。

二、作文的性质是什么

这是一个极其重要的问题，也是一直困扰很多一线教师的问题。叶圣陶先生的题词对这个问题做了充分的回应。作文的性质是练习表达，就是"练习用自己的话来表达自己要说的意思"，就是让儿童通过练习能够具体明确、文从字顺地表达自己的见闻、体验和想法，并能根据需要运用常见的表达方式，发展书面语言运用能力。叶圣陶先生还说："小学作文教授之目的在令学生能以文字直抒情感，了无隔阂；朴实说理，不生谬误。至于修辞之工，谋篇之巧，初非必须之需求。能之固佳，不能亦不为病。"

第一，既然习作是一种练习，我们就应降低习作的难度，贴近儿童的实际。让儿童易于动笔、乐于表达，着力培养儿童的习作兴趣，增强儿童的习作自信心。

第二，既然习作是一种练习，我们就应关注语言的品质，锻炼学生的语言习惯。正如叶老所说:"无论何时不说一句不完整的话,说一句话一定要表达一个意思,使人家听了都能够明白;无论何时不把一个不很了解的词硬用在语言里,也不把一个不很适当的词强凑在语言里。"锻炼学生的语言习惯,就是要学生说完整的话,说表达意思清楚的话,就是要学生使用准确的词语来表达自己要说的意思,不生硬,不牵强。

第三,既然习作是一种练习,我们就应用儿童的视野和"课程标准"的要求来考量和评价学生的习作。可从这三个方面来看:一是看其内容的真实性,是不是反映了儿童自己的真实生活,是不是用儿童自己的话来表达的;二是看其语言的精准性,有没有具体明确、文从字顺地表达自己的见闻、体验和想法;三是看其表达的实效性,能不能根据日常生活的需要,运用恰当的表达方式来表达。

第四,既然习作是一种练习,我们就应关注写作的内容和表达的情感,决不能用字数的多少来限制习作。对此,叶圣陶先生说:"文篇的长短全视内容的多少,内容多,数千字尽写,内容少,几十字也无妨;或长或短,同样可以成很好的文章。不问内容多少,却先自规定至少要作多少字,这算什么呢?"由此可见,文章的长短应该是由内容决定的。可是在现实中,经常有学生反映语文老师让他们写作文的时候总有着字数的要求,这让他们很头疼。这里,来看一位二年级小朋友写的周记:

这个星期老师说要写周记,要求写够100字。大约90个字就写完了,大约还有80个字就写完了,还有大约70个字就写完了,还有大约60个字就写完了,还有大约50个字就写完了,还有大约40个字就写完了,还有大约30个字就写完了,还有大约20个字就写完了，还有大约10个字就写完了。我好开心，终于写完了。

　　这位小朋友写周记时的状态，一边写一边数。还真了不起，他用一种反复的方式把自己写作时的状态描摹了出来，让人感受到了他到底是怎么来写周记的。在写作的过程中，他关注的只是字数的多少，根本不去关注遣词造句的精当妥帖。所以在让儿童写作文的时候，我们不能只看量而不顾质，要少给儿童一些限制，让儿童能够用诚实的语言真情表达、用清通的语言率性表达、用真实的语言自由表达。

习作教材的"变"与"不变"

　　统编版习作教材有许多创新之举，其为习作教学"教什么"和"怎么教"指明了方向和路径。细细研读，便会发现其在很多地方体现了叶圣陶先生的作文教学思想。统编版习作教材显著的变化主要有两点：其一，变"阅读中心"为"阅读与表达并重"；其二，变"粗线条"为"系统化"。这些变化又体现在两方面：一是习作教材位置的凸显。统编版习作教材跟以前的教材相比，习作教材的位置更加凸显了。之前，习作只是"语文园地"当中的一道题目，而统编版教材则把习作单独列出，尽管每篇习作教材只有一页的容量，但是内容却非常丰富，引领着学生经历习作的全过程。二是安排了专门的习作单元，这是统编版习作教材的最大亮点。具体来说，统编版习作教材的变化体现在以下几点。

一、精选话题，系统化建构

　　第一，精选话题。统编版习作教材从三年级第一单元的习作到六年级第六单元的习作，一共是62篇，每篇习作一个话题。这62个话题，贴近儿童的生活实际，让儿童觉得有话可说。这62个话题，就构成了统编版习作教材的训练系统，从类别上来看，有写实类的，有想象类的，还有自由表达类的。其中有49篇为写实类，12篇为想象类，有1篇是自由表达类。写实类的，有7篇状物，5篇写景，15篇记事，8篇写人，应用文有14篇。这就印证了叶圣陶先生的话，就是要让学生练习用自己的话表达自己要说的意思，就是要让学生关注自己的生活，抒写自己的生活，从而发挥习作在立德树人方面的作用。

第二，整体设计。统编版习作教材的62个话题是整体设计、螺旋推进的。不仅如此，每个单元的习作话题也是整体设计、系统化建构的。如六上第一单元习作的要素是"习作时发挥想象，把重点部分写得详细一些"。本单元安排了《草原》《丁香结》《古诗词三首》三篇精读课文和略读课文《花之歌》。精读课文是为了学"法"，而略读课文则是将精读课文中所学之"法"进行有效运用。本单元的语文要素是"阅读时能从所读的内容想开去"，"交流平台"对这一要素进行了提炼和总结：要能想开去，一是要联系自己的生活经验，二是要展开丰富的联想，把文字还原成画面。所以阅读的时候能够想开去，就可以把文字还原成画面，产生一种如临其境、如闻其声、如见其人的感受和体验。习作《变形记》的要求就是围绕单元语文要素"阅读时能从所读的内容想开去"来设定，这就是一种整体性的设计。

二、读写结合，关联性编制

统编版小学语文教材重视以读促写、读中学写、读写结合，让学生能够从阅读中学习表达、在表达中提升素养，同步推进阅读与表达能力的发展。如五下第八单元的人文主题是"风趣和幽默是智慧的闪现",语文要素在阅读方面是"感受课文风趣的语言",在表达方面是"看漫画,写出自己的想法"。为此,本单元安排了两篇精读课文《杨氏之子》和《手指》,略读课文《童年的发现》,口语交际是《我们都来讲笑话》,习作为《漫画的启示》。如此编排,环环相扣、注重联系,从读到写、读中学写、读写结合,相得益彰。那么,本单元是怎么把阅读与写作紧密地结合起来进行关联性编制的呢?请看下表。

统编版小学语文五年级下第八单元读写结合的编制情况表

学习内容	学习形式	学习目标
杨氏之子	朗读训练	正确、流利地朗读课文,读好人物的对话,体会语言的风趣幽默。
手指	小练笔	仿照课文的表达特点,从人的五官中选一个,写一段风趣幽默的话。
童年的发现	说话训练	能用风趣幽默的语言和同学交流自己有过的"发现"。
我们都来讲笑话	口语交际	学习讲好笑话,增强语言的风趣性、幽默感,提高口语表达能力。
漫画的启示	习作	观察图画,理解图意,发现其中的可笑之处;思考漫画的含义,从中获得启示;用风趣幽默的语言写清楚漫画的内容和自己的思考。
语文园地	词句段的运用	选择一种情景用风趣幽默的话说一说;照样子写一段风趣幽默的话。

从上表不难看出,这个单元围绕"风趣和幽默"这个主题为学生设计了丰富多彩的语文实践活动,有效地进行读写互联互动,促进学生在语文实践中实现由读到写、由仿到创,说写融合,提升核心素养。

三、瞻前顾后，全过程关注

统编版习作教材，尽管每篇习作只有一个版面的内容，然而细细研究便会发现其设计之精彩，指导之详尽，能充分体现新课程的理念和编者的意图。总的来看，它有如下特点：一是注重前后联系，二是创设习作情境，三是明确习作任务，四是设计相关提示，五是强化创作后的交流。如此设计，便教利学，能促进习作教学的效益提升。所以教师要用好统编版习作教材，认真研读这一页的内容，科学有效地利用教材资源引导学生亲历习作的过程，让学生易于动笔，乐于作文，体验习作的乐趣。这是其一。

其二，统编版习作教材尤为注重培养学生修改习作的习惯。习作教材中不乏这样的话，"自己读一读，改正错别字""写好以后小声读一遍，用学过的修改符号把有明显错误的地方改过来""写好以后大声读一读，看看你写的内容有没有表达出当时快乐的心情"……这些话语都是在帮助学生培养修改习作的习惯。习作谁来改？当然是学生自己来改。叶老就强调过，修改作文是学生自己的事情。习作怎么改？教材中做了精准提示，那就是"自己读一读""小声读一遍""写好以后大声读一读"，所以读是修改习作的不二法门。习作改什么？"改正错别字""把有明显错误的地方改过来""看看你写的内容有没有表达出当时快乐的心情"，这些都给学生提示了修改习作的方向。其实教材中的这些提示就是呼应了"课程标准"第二学段中提出的"学习修改习作中明显错误的语句"与第三学段中提出的"修改自己的习作，并主动与他人交换修改，做到语句通顺，行款正确，书写规范、整洁"的理念和要求。

其三，统编版习作教材还很注重发挥习作的交际功能。如习作教材中有这样的话："读给同学听，和同学分享你发现的美景""写好以后读给同学听，看看他是否明白你的想法，再问问他对这个问题有什么看法""和同学交流习作，跟他们分享你的快乐。如果有让同学看不明白的地方，可以试着修改一下，让别人更明白"。从这些话语中，可以清楚地感受到习作的交际价值。习作要有读者意识，习作不只是写给老师看的，更是要和同学一道交流分享的，以最大限度地发挥其交际功能。要能主动地与同学分享自己的习作，要让同学明白自己所表达的意思，要多"问问他对这个问题有什么看法"，能做到"如果有让同学看不明白的地方，可以试着修改一下，让别人更明白"。教材中的这些要求，其实就是把"课程标准"第二学段中的"乐于用口头、书面的方式与人交流沟通，愿意与他人分享，增强表达的自信心"与第三学段中的"懂得写作是为了自我表达和与人交流"的理念与要求落到了实处，变成了学生具体的、可操作的一种学习活动。

四、专题呈现，聚合性实践

统编版小学语文教材从三年级到六年级，每个学期还安排了一个习作单元。每个习作单元主要由五个板块构成：第一板块是精读课文，通常是两篇名家名篇，这里的精读课文的教学跟普通单元精读课文的教学是要有所区别的，其教学主要指向写作，注重引导学生体会文本的表达特点，学习表达方法；第二板块是交流平台，归纳梳理，提炼方法；第三板块是初试身手，让学生初步尝试运用；第四板块是习作例文，用两篇比较贴近学生写作水平的例文，让学生进一步去感知方法；第五板块是写作练习，就是习作单元所要形成的学习成果。这五个板块紧密围绕培养学生的某一习作能力展开，是一种聚合性的写作实践，打的是"组合拳"。

　　统编版习作教材的每次习作对"写什么""怎么写"，以及写完之后"怎么做"，都进行了具体的有针对性的指导。但是我们必须清楚地认识到这些变化只是形式上的一些变化，其精神内核没有变。具体来说，一是作文的本质没有变，那就是让学生练习用自己的话来表达自己要说的意思。二是写作的规律没有变。写作的规律之一是把充实而深美的积蓄化为充实而深美的文字，写作是一种由内而外的过程，是一种厚积而薄发的结果；写作的规律之二是读中学写，以读促写，读写结合。这些规律非但没有变，而且得到了强化。三是习作教学的追寻没有变。作文的过程是学生学习做人的过程，也就是说写作要遵循立德树人的教育宗旨，致力于学生核心素养的培养，发展学生的书面表达能力。如此，我们就能在"变"中寻求"不变"的本质、规律，就会在"变"与"不变"之间寻求到写作的真谛，让学生获得受益终身的写作素养。

经营好习作教学全过程

习作教学应该有着自己的作为。我们要用经营的理念来优化习作教学的过程，提高习作教学的效益。

一、变教材的要求为学生的需求

每篇习作都有明确的目标要求。教材要求学生写成什么样的习作，这是"要我写"，还处在一种被动的状态；学生的需求则是"我要写"，这是一种积极主动的表达欲望。习作教学的目的就在于能自然巧妙地把教材的要求转变成学生的需求。叶圣陶先生说："好文章有个基本条件，必须积蓄于胸中的充实而深美，又必须把这种积蓄化为充实而深美的文字，这种能力的培植却责无旁贷，全在写作教学。"由此可见，写作的过程就是一种转化的过程。这就意味着习作教学要精心营造写作情境，让学生能够自然顺畅地把胸中充实而深美的积蓄化为充实而深美的文字。通常情况下，学生完成一篇习作，需要经历三个转化的过程。

第一，实现动机的转化。写作动机的转化就是通过习作教学去唤醒学生的生活经验。教学时可以从这两方面着力：一是唤醒经验，形成匹配度。要通过对话交流和适度追问，让学生能够从自己的头脑当中调取出与这一次习作要求相匹配的写作内容。二是激活需求，产生共振。要善于运用苏格拉底的"产婆术"，让学生拥有一种如鲠在喉不吐不快的表达欲望，能与本次习作要求产生同频共振。比如，在教学《我的拿手好戏》时，一位教师这样设计：首先，给学生展示了老师自己写的书法作品，并告诉学生他非常喜欢书法，虽然他的书法还没有达到书法家的水准，但是他对书法情有独钟，一直坚持练习，写毛笔字成了他的拿手好戏。接着，让学生理解拿手好戏的意思。然后，给学生出示了"张飞卖肉一刀切——拿手好戏""关公舞大刀——拿手好戏""梅兰芳唱霸王别姬——拿手好戏"这三个歇后语，让学生说说这些拿手好戏有什么看点或者故事。在此基础上，给学生出示教材中的"跳舞，唱歌，画画，变魔术""剪纸，捏泥人，做标本、做航模""挑西瓜，做面包，炒拿手菜""吹口哨，玩魔方，钓鱼，爬树"这四组词语，让学生体会拿手好戏并不神奇，只要你能对它情有独钟并坚持去做，这些平常的事情就会变得不平常，成为你的拿手好戏，从而引导学生找到属于自己的拿手好戏。如此教学，就能让学生唤醒自己的生活经验，帮助学生找寻到自己身上所具有的优势，产生一种写作的冲动。

第二，实现思维的转化。写作是一种思维的活动。朱光潜先生认为："表达是指使内含语言成为外显语言的过程。表达使思想结果成为有形东西并使思维主体以外的人得以理解。思维是在心中画出一幅图像，而表达则是展示这幅图像。"在写作动机驱动下，学生有了表达的欲望，他们的思维也就有了生发点，这时学生就会把自己要写的内容通过凝想在心中画出一幅图像来，以达成模糊思维向具体思维的转化。这个转化过程的快慢跟学生胸中的积蓄有着密切的关系。学生胸中的积蓄愈充实愈深美，就会转化得越快越自然。这个转化的过程要从以下三个方面去进行。

一是要进行整统之思。所谓的整统之思就是对写作内容进行整体的通盘的思考，以回想清楚写作内容的全貌，也就是要激活学生的思绪，引导学生对"写什么"有一个整体性的审视。比如，在教学《我的拿手好戏》时，学生找到自己的拿手好戏之后，教师是这样引导学生思考的：提起拿手好戏，你就是这出好戏的主角。那对于你的拿手好戏，你最想与同学们分享些什么呢？常言道，台上一分钟，台下十年功。一出拿手好戏不是一朝一夕就能够练成的，那么，你的拿手好戏是怎样练成的？你在练就拿手好戏的过程中有没有发生一些让你难以忘怀的故事呢？你能把这个故事的来龙去脉想清楚、想明白吗？能否把精彩的细节和有趣的场景在自己的头脑中再现出来呢？想清楚了这些，你的拿手好戏就有戏了。如此引导，就能一步步打开学生的思维，对自己的拿手好戏进行全方位的思考，从而对"写什么"有一个整体性的把握。

二是要进行布局之思。所谓的布局之思就是根据写作要求，对写作材料进行裁剪和组织的思考，以梳理清楚行文脉络以及材料的主次。写作还是一种有目的的交际行为，表达的实质是表现自我，达于他人，进而影响他人。所以在布局之思的时候，教师要注意启发、引导学生围绕写作目标不断地去追问，让学生对写作材料进行爬罗剔抉、刮垢磨光，谋篇布局、理清思路。比如，教学《我的拿手好戏》时，学生对"写什么"做了整体性思考之后，教师是这样引导学生展开布局之思的：你准备怎么来写"我的拿手好戏"呢？这也是需要我们进行一番思考的。请同学们再来想一想，理一理前面思考的那些内容，你打算哪些内容先写？哪些内容后写？哪些内容重点写？哪些内容简略写？

如果我们能把这些思考清楚了，"怎么写"就有了头绪，"我的拿手好戏"就会从学生的头脑当中自然而有序地流淌到纸面上来。

三是进行聚点之思。所谓聚点之思就是对写作材料当中那些最为精彩的场景或者最为关键的环节进行深入细致的思考，以复现出当时的具体场景和细节。写作是需要细节来说话的，没有精彩传神的细节描写，是难以把作文写具体、写生动的。比如，教学《我的拿手好戏》时，教师是这样来引导学生展开聚点之思的：你的这出拿手好戏的看点是什么？你是怎么演的？演的效果怎么样？看你表演的人有什么反应？有没有什么难忘的细节触动你？是一连串的动作，是一两句温暖的话语，还是其他什么？你能否把这些细节采用慢镜头的方式在自己的头脑中定格、放慢、拉长，这样你的拿手好戏就真的有看点了，精彩的细节就会让你的拿手好戏鲜活起来。其实，聚点之思越深入细致，就越能生动细腻地展现出人、事、景物的风貌和神韵。

第三，实现语言的转化。写作是学生运用语言文字来表达自己见闻、体验和想法的一种活动。从本质上说，写作是一种由内部语言向外部语言转化的活动。学生在取材、立意、构思的过程中，往往运用的是内部语言，而内部语言是一种不连贯、不准确、闪烁不定的语言，他们在起草的时候还要经历一个由内部语言向外部语言转化的过程。这个转化的快慢，一是跟语言经验的积累有关系，学生的语言经验积累越丰富，其转化得就越快；二是跟学生化用智慧有关系，善于模仿运用别人的语言来表达自己的见闻、体验和想法，就是化用的智慧。

"读书破万卷，下笔如有神。"学生的这种语言转化的智慧是从阅读实践中习得的。元代程端礼曾说："读书如销铜，聚铜入炉，大鞴扇之，不销不止，极用费力。作文如铸器，铜既销矣，随模铸器，一冶即成，只要识模，全不费力。所谓劳于读书，逸于作文者也。"其实，读书与作文相比，读书要下更大的功夫。读书如销铜，是很艰难的；作文如铸器，是相对容易的。有些学生之所以畏惧写作文，主要是读书的功夫没有用到家，没有做到像销铜一样来读书。如果能这样劳于读书，语言的经验和透彻的知识就变得丰富起来，自然就能逸于作文。

二、变注重作前指导为关注全程指导

写作教学要关注全程性指导。遗憾的是，在写作教学中很多老师只重视作前的指导，而忽视了作中和作后的指导，致使写作指导成了一种虎头蛇尾的半拉子工程。因此要提高写作教学的效益，就得要抓住取材、立意、构思、起草、加工等各个环节，对学生的写作进行全程性指导。为此，我们要从以下几个方面进行优化与改进。

第一，把握作前指导的分寸。学生写作文需要教师指导，但应拿捏好作前指导的分寸。对此，我们要思考清楚以下问题：一是作前指导需要做些什么？作前指导的关键就是要激活学生的生活经验，架起写作的桥梁，形成一种匹配度，产生一种共振，让学生有一种如鲠在喉的表达欲望。二是作前指导是不是越细越好？通过指导，能够把教材的要求转变为学生的需求，这种指导为的是激活与唤醒。此时要粗放，要留白，并不是越细越好。指导过细的方式反而给学生更多束缚，不利于学生的快意表达。三是学生需要怎样的作前指导？作前指导是为了导情导趣，导开言路。学生原来处在一种混沌状态的，通过指导变得清晰明了；学生原来不知道"写什么"或者"怎么写"的，通过指导豁然开朗了，这样的作前指导才是学生所需要的指导。

第二，习作练习宜当堂完成。叶圣陶先生曾说过，抄袭是自己骗自己。这是有原因的。试想，如果让学生把作文带回家去写，有些学生可能会找一篇现成的作文来改头换面以应付老师，不利于养成良好的写作习惯。习作练习当堂进行有什么好处呢？第一个好处是便于学生把握最佳的写作状态。通过指导，学生有了一种不吐不快的写作冲动，这是一种最佳的得心应手的写作状态。在这样的状态下写作，学生更能把自己心中要说的话如行云流水般表达出来，顺利地进行语言的转化。第二个好处是便于教师了解写作的情况，及时化解出现的问题。学生在写作文的时候，教师要注意巡视，尤其要关注那些写作困难的学生，对他们在写作中出现的问题要及时给予帮助，提高他们写作的自信心。对学生在作文中出现的一些共性问题，教师要及时发现并加以解决。而让学生把作文带回家去写，这些优势就丧失殆尽了。所以，学生习作练习要当堂完成为好。

第三，从精批细改中突围。关于精批细改，有两个问题需要我们加以思考：一是精批细改真的那么有效吗？精批细改花费了教师大量的时间和精力，但却不一定能达到我们所期待的效果。二是教师的精批细改是不是可以改变？就拿修改错别字来说，在精批细改的时候，教师必然要把错别字圈起来或改出来，这提高的是教师识别错别字的能力。但是如果学生是在自改互改的过程中把这些错别字圈出来，这提高的则是学生的一种识别错别字的能力。因此，精批细改是可以改变的，我们要变教师的精批细改为学生的自批自改，变教师的精批细改为学生的互批互改，如此就能把"重视引导学生在自我修改和相互修改的过程中提高写作能力"的理念落到实处，就能让教师从精批细改当中突围。

第四，聚力于习作后的评改。写作教学之所以要聚力于作后的评改，是因为作后评改指导更有价值，更有针对性。对于作后的评改，叶圣陶先生倡导面批，他说："给学生改文，最有效的办法是当面改。

当面改可以提起笔就改，也可以跟学生共同念文稿，遇到需要改的地方就顿住，向学生提出问题，如'这儿怎么样''这儿说清楚了没有'之类，让学生自己去考虑。"如此面对面地跟学生一起交流，一起探讨，更有利于提升学生的写作能力。当然，作后的评改也可以在组内或全班进行，让同学之间展开相互交流、相互评议、相互学习，共同提高，以充分发挥伙伴在作后评改中的作用。如此，作后评改就可以变得很精彩。其实，作后评改还可以利用一些碎片化的时间来进行，所以作后评改也是可以变得简单而有效的。

第五，广开渠道发表习作。发表习作是习作教学的"最后一公里"，这个环节时常会被老师们忽视。其实习作是为了交流、沟通，"发表"给一切想看的人看。从一定意义上说，发表是写作成功的一个标志，是一种更加诱人的成功体验，它远比"高分"和教师的鼓励有用得多，是习作最直接、最有效的动机和动力。所以，我们要放大习作成果的激励作用，尽可能多地为学生提供"发表"习作的机会，让学生从中体验到成功的快乐。当然这个"发表"不只是指在正式报纸杂志上发表，还指交流互动意义上的"发表"。在班级、学校广播站朗读学生的习作，是一种发表；在班内、校内学习园地、黑板报或者学校网站上展示学生的习作，是一种发表；把班级同学的习作汇编起来，相互传阅，也是一种发表……总之，只要能和他人形成一种对话与交流关系的，都是发表。

第四辑

守真·营造真实的课堂

立德树人背景下的课堂是学生真正成为学习主人的课堂，是学生真实学习、真正做事的课堂，是学生历练自己、提升素养的课堂。

课堂应有的样子

课堂是落实立德树人根本任务的主阵地。立德树人背景下的课堂应该有着自己的样子。从学生学习的角度来看，立德树人背景下的课堂至少呈现以下的样态。

首先，立德树人背景下的课堂是学生高情感投入的课堂。孔子说："知之者不如好之者，好之者不如乐之者。"课堂学习当然要追寻"知之"，然而，"好之""乐之"比"知之"更重要。"好之""乐之"，皆为一种情感，是一种发自肺腑的真情实感。"好之"是兴趣，"乐之"是志趣。这种"好之""乐之"就是一种高情感投入的学习体验，这种情感体验能唤醒学生学习的主动性、积极性和创造性。有了这种高情感投入，自然就会提高学生的学习效率，加深对知识的理解与吸收，且能灵活地迁移和运用。有了这种高情感投入，学生就会自觉地爱上学习，全身心地投入到课堂学习中来，聚精会神地听、争先恐后地说、声情并茂地读、快快乐乐地享受学习。

其次，立德树人背景下的课堂是学生高思维参与的课堂。学习如登山，是一种思维爬坡的过程。课堂上，学生的学习如果有了高思维的参与，自然就会有着登山般的体验。因而，他们在学习过程中既会有"众里寻他千百度"的困惑与艰辛，又会产生"蓦然回首，那人却在灯火阑珊处"的顿悟与惊喜。如此，课堂学习才会真正地发生。所以，立德树人背景下的课堂是一种富有思辨色彩和思维张力的深度学习的课堂。课堂上，学生学习的思维强度越大，深度学习就越能有效发生。当然，教师要拿捏好度，适当的思维强度最有利于学生展开深度而有意义的学习。这个度得要贴近学生的最近发展区，让学生"跳一跳，摘到果子"。如果思维强度过大，离学生的实际太远，学生就会因压迫感太强而产生畏惧，与之相应的学习过程也会让学生痛苦不堪。而课堂中高思维的参与能让学生主动地投入到课堂学习中来，从而自觉地远离低效的、繁重的甚至是功能异化的学习任务，享受学习的快乐。

最后，立德树人背景下的课堂是学生高效率做事的课堂。课堂是学生核心素养形成与发展的地方。核心素养是学生通过课程学习逐步形成的正确价值观、必备品格和关键能力，是课程育人价值的集中体现。所谓的正确价值观，就是寻求或坚持把事做正确；所谓的必备品格，就是愿意并习惯做正确的事；所谓的关键能力，就是能做成事。所以，立德树人背景下的课堂是以核心素养为导向，为学生创设真实的情境，让学生在富有挑战性的任务驱动下真正地学起来、习起来、动起来、忙起来。课堂上，教师既要相信学生，敢于放手，给学生做事的机会，让学生自己去探索、去实践，又要适度介入，启发学生，给学生必要的指导和点拨，让学生能够完成事，还要授之以渔，引导学生总结和反思做事的过程和方法，帮助学生形成做事的经验和智慧。如此就能调动学生高效率做事的积极性和创造性，拉长和放大做事的过程，把做事的经历变成一种经验和智慧，使课堂真正成为学生学做事、做成事、做正确事的"学堂"，享受学习的快乐。

立德树人背景下的课堂是学生真正成为学习主人的课堂，是学生真实学习、真正做事的课堂，是学生历练自己、提升素养的课堂。

用整合思维来教

最近有几位青年老师对我说："统编小学语文教材的变化太大了，中高年级的语文课真的不知道如何来教了！"每个单元都有明确的语文要素。虽然教材当中对落实这些语文要素有着实施的方法和路径，但让他们感到困惑的是，课堂上如果围绕单元的语文要素来展开教学，那么识字写字、阅读理解、朗读感悟、品味语言、体会感情等这些常规、常态的语文实践活动该如何开展呢？他们担心，如果课堂上突出了语文要素，语文课会不会变成了一种知识性的教学，变成了一种纯粹的语文要素的训练呢？因此，语文课会不会因索然寡味而失却其应有的情趣、意趣和理趣呢？老师们的这些疑虑，确实值得思考和研究。

毋庸置疑，统编小学语文教材创新之处无处不在，对语文教师的挑战也是无处不在的。但我们要清楚地认识到，这其实是落实立德树人根本任务的必然要求，是培育现代公民的自然需求，也是改革语文教学的应然选择。因而语文老师要与时俱进，改变思维方式，学会用新的理念、新的视角来审视教材、设计教学，用好统编教材，提升学生语文核心素养。那该怎么改？我想到了加拿大学者罗杰·马丁教授提出的"整合思维"的思想。如果我们用整合思维来教语文，或许能给研究和使用小学语文统编教材带来一些启发和收获。

整合思维是一种创新性思想，是指面对相互冲突甚至对立的模式时不是简单地进行选择，而是能够进行建设性的思考，创造性地解决彼此之间的冲突，形成一个既包含已有模式的某些成分但又优于已有模式的新模式。语文要素的落实与识字写字、阅读理解、朗读感悟等语文实践活动不是相互对立的，而是相互依存的，甚至是一体的，在落实语文要素的过程中需用整合思维来整体思考，统筹安排，精心设计，通过单元整体教学，切实地把单元语文要素的落实融入到识字与写字、阅读与鉴赏、表达与交流、梳理与探究等语文实践之中，让学生在单元整体学习的进程中亲历学语习文的过程，在丰富多彩的语文实践中获得言语智慧的滋养和人文精神的熏陶。

用整合思维教语文，需要有整体的意识。首先，要着眼于儿童语文核心素养的整体发展，着眼于课内课外的整体推进，着眼于听说读写能力的整体培养，让学生在纷繁复杂的语文天地中找寻到属于自己的学语习文的方向和路径，享受语文学习的快乐。其次，要关注语文学习的整体性，关注各学段语文学习的整体性，关注各单元学习的整体性，用整合思维来设计教学，优化过程，善打巧打"组合拳"，以达成在整体观照下的稳步推进和协调发展。

用整合思维教语文，需要有真实的问题。问题是学习的发端，问题驱动着思维的发展。有了真实的问题，学习才会真正发生。真实的问题，源于真实的语文情境，源于真实的学情状况，源于学生对语文学习的真实的认知冲突。真实的问题，是贴近学生最近发展区的问题，是最富思维张力的问题，是引发学生积极参与的问题。真实的问题，不是零碎的问题，而是整体性的问题。对问题探究的过程，不是将其拆分为若干个细小的问题来逐一解决，而是在保持问题整体性的同时着力处理各个部分，以找寻最佳的解决方案。

用整合思维教语文，还需要有开放的思想。整合思维视域下语文课堂是打开的，儿童的思维是自由的，是向四面八方打开的。儿童的语文学习不是简单的线性关系，而是一种任务驱动下的立体多维和互动生成的学习，是一种充满个性与张力的学习。

用整合思维教语文，带给学生的将是一种别样而美丽的语文生活。

用问开启儿童心智

问，一个很有意思的汉字。《说文解字》对它的解释是：问，讯也，从口门声。常言道，言为心声。人开口说话了，心门自然就打开了。

儿童是天生的好问者。儿童总是喜欢问这问那，他们头脑里似乎有问不完的问题。问，其实是儿童接触陌生事物的第一反应，也是他们探究未知世界的基本方法。问，对于儿童来说，其本身就是一种极为重要的学习内容和学习方式。

恩格斯说："思维是地球上最美丽的花朵。"我以为，问是思维最美丽的花朵。普列汉诺夫说得好："有教养的头脑的第一标志就是善于提出问题。"善于提出问题，对于儿童来说是最为重要的思维品质，是最为有效的学习经历，是最具活力的核心素养。

问，作为动词，是质询，是发问，是提出疑惑，以求解答。这样的问，既是一种思维过程，也是一种求教做法；这样的问，既是一种行为方式，也是一种学习活动；这样的问，既可以指向自学，也可以指向求学。

问，作为名词，是问题，是话题，是以问题为发端，开启儿童的心智，驱动儿童的学习，使儿童获得生长的力量。这样的问，不是肤浅简单的问，而是一种富有思维张力和探究魅力的问，是一种能够激发好奇心和求知欲的问，是一种引发儿童展开深度而有意义学习的问。

想起著名教育家陶行知先生的话："智者问得巧，愚者问得笨。"何为问得巧呢？2022年9月，著名数学家丘成桐先生在清华大学做题为《一流人才，始自学"问"》的演讲时说道："好的问题让人豁然开朗。思考这个问题本身，能发展出一系列的想法、催生出一系列文章。无论最终是否解决，仅仅推敲、研究这个问题的过程就很重要。好的问题通常是简洁、漂亮的。解决了它，其所在领域里许多问题可能都会随之解决，就像在长江里面有一块巨石，将巨石挪开，水流就会顿时变得顺畅。"这就启示我们，课堂教学要致力于培育学生敢问、善问、巧问的能力与智慧，让学生能够提出富有深度的、简洁的、漂亮的、有趣的问题来。

问，其实有着不同的思维层面的指向。一是指向客观性层面，关于"是什么"的问。这是关于事实、外部现实或者印象的问，为的是得出结论。这一思维层面的问，是让学生对文本有个整体把握，问的是"课文到底写了什么"这样的问题。这是其一。其二，是让学生尝试与文本实现"视界融合"，问的是"这个字怎么读""这个词语什么意思""这一段说了什么"这样的问题。这个思维层面的问是以能否感知、理解文本内容为标志。

二是指向反应性层面，关于"怎么样"的问。这是唤起个人对信息反应的问。这一层面的问，与个人感受、情绪、记忆、联想息息相关，是让学生根据文本内容展开思绪之流：在读课文的时候，哪些地方最能拨动我的心弦？哪些地方最令我难以忘怀？我的头脑中出现了哪些画面？哪些地方最能激起我的情感，引发了我的共鸣？这些地方让我想起了什么？等等。这个思维层面的问是以能否怦然心动和产生共情共鸣为标志。

三是指向诠释性层面，关于"为什么"的问。这是挖掘意义、价值、重要性、含义的问。这一层面的问，是让学生围绕文本不断追问：课文是怎么写的？为什么要这么写？我从中获得了什么启发和收获？我对这篇课文有什么深入的理解和感悟？等等。这个思维层面的问是以能否理解和感悟文本意蕴为标志。

四是指向决定性层面，关于"如何用"的问。这是引发解决方案、结束讨论、促使个人或者团体就未来做出某一决定的问。这一思维层面的问，重在让学生思考、叩问文本的阅读对思想认识的提升、对言语智慧的习得、对语言文字的运用等方面给自己带来的触动，以反思学习过程，梳理学习方法，理性地审视学习行为对自己生命成长的意义。这个思维层面的问是以能否迁移运用语言文字的表达智慧为标志。

问，是儿童在学习语文历程中绽放的最为灿烂的思想之花、智慧之花和创造之花。

课堂教学，让儿童大胆地问起来吧！

充满思维挑战的学习

当下我国的基础教育是把"提高质量"作为战略主题，全面落实"创新、协调、绿色、开放、共享"五大发展理念，全力提升学生的核心素养，以推动我国教育更高质量、更加公平、更可持续地发展。其实，"提高质量"的落脚点是课程改革，而课程改革的决胜环节又在课堂。因为教育质量就是人的成长和发展的质量，而课堂却是一个展示生命共同体同成长共发展的圣坛。其实课堂一旦充满了生命的活力和思维的张力，一种走向深度的学习就会在课堂上发生。

充满思维挑战的学习是自由的学习。充满思维挑战的学习需要在自由而安全的氛围中进行。这就意味着课堂上要对学生少一些规矩的约束，多一些心灵的放飞；少一些统一的指令，多一些自主的选择；少一些知识的灌输，多一些方法的引导。要善待学生张扬的个性，尊重学生独特的感受，允许学生"插嘴"，呵护他们稚嫩的想法，包容他们的瑕疵和错误。课堂上，倘若能够给学生这样的自由，学生就会轻松愉悦地投入到学习中来，他们的情感和智慧就会在学习中翱翔。这样，他们在课堂上表现出来的就会是盎然的情趣、活跃的思想和丰富的想象，而不是嬉笑的神情、乱动的肢体和游走的思绪。

　　充满思维挑战的学习是富有思想的学习。思想是过程，是课程内容向学生发出邀约之后的一种思维过程；思想是方法，是学生摆脱课程内容邀约压力的一种思维方法；思想是见解，是学生运用心力深思熟虑的一种思维结果。充满思维挑战的学习需要思想的积极参与，让学生能够凭借自己的心智真正地思考起来，产生思想。故而课堂上一要激发学生的探究欲望，引导学生发现并生成问题，让问题引领学生经历一种"踏破铁鞋无觅处"的崎岖和曲折；二要给学生充分的"沉浸浓郁，含英咀华"的静思默想的时间，让学生在沉潜涵泳中产生一种"得来全不费工夫"的顿悟和豁然；三要创设一个开放的且能快乐表达的空间，让学生能无拘无束地倾吐自己的思想，鼓励学生辩论和有创意地表达自己的观点。

　　充满思维挑战的学习是富有生长力的学习。课堂上应该听得到学生生命成长的拔节声。充满思维挑战的学习应该指向学生的生命成长，积极地为提升学生的核心素养提供可能和创造条件，使得他们的语言在读书实践的过程中变得丰厚起来，情感在探究发现的过程中变得丰富起来，思想在交流碰撞的过程中变得深邃起来，智慧在对话分享的过程中变得灵动起来。

　　充满思维挑战的学习是可以看得见的学习，看得见学生在课堂上进行真实的思考、真实的发问、真实的表达，而这一切的发生又是那么的自然而然，那么的充满生命的活力和思辨的色彩。而这，正是核心素养召唤下的课堂教学的本然状态。

让学习真正发生

参加了一次以"让学习真实发生"为主题的语文教研活动，听了四位青年教师的语文课，感慨良多。

不可否认，这四位青年老师的教学设计是颇费了一番心思的，问题设计得环环相扣，课堂讲解得头头是道，显示出扎实的教学功底。然而令人遗憾的是，课堂上教师控制得多，学生多是疲于应付教师下达的任务，少了一些学生的自主阅读和深入思考，少了一些学生的质疑问难和探索发现，少了一些伙伴的合作交流和分享互学，少了一些教师的尊重激励和启发点拨，少了一些课堂的默默沉静和琅琅书声。因而学生在课堂上沉潜不深，浅尝辄止，真正的语文学习很少发生。公开教学尚且如此，平时的家常课也可见一斑。长此以往，学生怎么会喜欢语文，他们的语文核心素养怎能得到发展和提升？这不能不引起我们的反思。

那么，语文课堂何以能够让学生把心沉潜到语言文字当中去，使得语文学习真正发生在每一位学生的身上呢？这又不得不引起我们的省思。

理性的思考和实践的探究，让我们愈来愈深刻地认识到要让语文学习真正发生，首先得培育学生的语文情感，让学生乐于学习语文，感觉到学习语文是一件很有意思的事情。试想，学生如果对语文学习缺少了情感，失去了兴趣，真正的学习怎么能够发生？如果我们在课堂上还是这般漠视儿童对语文的情感，只是一味地强塞硬灌，结果只能适得其反，会让语文学习成为学生的一种负担。其实培育语文情感的主阵地就是语文课堂，这就意味着我们要研究儿童，用贴近儿童的方式去激发儿童学习的内驱力，把语文课上得好玩一点；要研究语言文字，用语言文字本身所独有的文化张力和艺术魅力去唤醒儿童学习的情趣，把语文课上得有意思一点。学生一旦对语文产生了情感，即便老师不教他们也会乐意自己去学的。这该是多么美好的境界！

让语文学习真正发生，其次得要启迪学生的思维，让学生真正地思起来、想起来，体验到学习语文其实就是一种质疑问难、感悟发现的探索历程。让学习真正发生的语文课堂，一定是话题驱动的课堂。话题诱发儿童的学习，话题演绎课堂的精彩。课堂上，倘若学生真的思考了起来，他们自然就会把自己的心沉潜到文字当中去，揣摩品味，在质疑中探究，在探究中发现，在发现中生长，享受学习的乐趣。常言道，少则得，多则惑。语文课堂的话题要少而精准。这就意味着我们要把课堂上的喋喋不休的提问转变为少而精当的话题建构，让学生在话题驱动下展开学习的活动；要把课堂上的繁杂琐碎的提问转变为顺应儿童学习的适时适度的追问，让学生的学习在追问中向深度推进。如若这样，学生的学力就会在学语习文的过程中得以发展。

让语文学习真正发生，还得要给予学生自由的时空，让学生能有充分的时间亲历语文实践的过程，能够围绕真问题进行真阅读、真思考、真探究、真合作、真交流。而这就需要教师尽可能多地把课堂的时间还给学生，教师的"教"要少而精当一些，教在关键处，以一当十，变教为学，真正让学生的"学"多且充分起来。

　　让语文学习真正发生，也要引导学生学会总结和反思，让学生反刍自己的学习经历，叩问自己"学了什么""是怎么学的""学得怎么样"，如此反刍、叩问，让学习留下痕迹，既帮助学生总结学习经验，又促进学生生长学习智慧。

看见过程与进步

评价是优化和促进学生"学"和教师"教"的重要环节。义务教育语文课程倡导课程评价的过程性和整体性，重视评价的导向作用。

一

朗读是语文课堂教学中的一种常态。课堂上教师在指导朗读的过程中经常会让几位学生来朗读课文，朗读之后也总会引导学生来评价一番。此时此刻，教师习惯性的用语是："刚才哪位同学读得最好？读得最有感情？"于是，同学们就根据老师的引导做了一番评价。被同学们认为读得好的学生心花怒放，而没有得到认同的学生则暗自神伤。如此评价，是引导学生进行相互比较，其结果是少数人得到了认同，多数人则是陪客，他们在陪跑的过程中失去了信心，难以享受到学习的快乐。其实，像这样横向比较的评价方式在课堂上屡见不鲜。长此以往，课堂上能够积极主动参与互动交流的学生寥寥无几，也就不足为奇了。

教师不妨变换一种评价方式，这样来引导学生："这几位同学都很用心、用情地为我们展示自己的朗读水平，你们觉得哪些同学的朗读进步比较大?"如此引导,一下子就把同学们评价的目光聚焦到了学生的个体身上来,进行纵向比较,把今天朗读的表现与他昨天或者过去相比,让学生能够看到的是同学的进步与成长。如此评价,评价者看到的是同学的变化与发展,被评价者获得的是同学的认可以及由此而产生的一种快感、一种信心。这种因赞许而生的力量弥足珍贵,必将激起学生参与课堂互动的积极性、主动性和创造性,而这才是评价功能的应有之义。

"课程标准"指出课堂教学评价是过程性评价的主渠道。如何有效地进行课堂教学评价则需要教师准确地理解语文课程的评价理念,用好过程性评价,选择适切的评价方式,妥善运用富有激励性和针对性的评价语言来引导学生进行评价和反思,让学生在学习的过程中更全面、更深刻地认识和了解自己,从而拥有一种成功的获得感和进一步努力的方向感。课堂教学评价要尽可能多一些个体的纵向比较,少一些群体的横向比较:纵向比较,评价出的是学生自己学习的变化和进步,能够增强学生的自信心;而横向比较,评出的是学生之间的差距,容易挫伤部分学生的信心。

二

经常想起这样一个故事。

那一年,送走一个六年级毕业班,又接了一个六年级新班,班里有一个男生写起作文就犯难。第一次,他交上来的习作只写了七八十个字,且东拼西凑,词不达意。我看了之后,心中难免有些着急。于是就单独把他叫了过来,对他说:"你能够按时交作业,这个习惯真好!老师认真读了你的习作,虽然短了一些,但有些地方写得还是不错的。加油，老师相信你能把作文写得越来越好的!"听我这么一说，他脸上露出了一丝微笑。

第二次，他交上来的习作虽然只有一百来字，但书写工整，语言质量也有了提高。可以想见，这一次他在写习作的过程中是很用心的。看到他的进步，我很高兴，于是在课堂上我让他把这篇习作念给同学们听。尽管他有些羞涩也有些不自信，但在我的鼓励下，他还是走上讲台低声轻语地读了自己的习作。读完之后，我问同学们，听了他的习作有何感受。有同学说，这是他第一次当众把习作读给大家听；有同学说，这篇习作语言蛮通顺的，对他来说，这是很了不起的进步。同学们发言之后，我笑着说道："你们知道么，这篇习作与他的前一篇习作相比，至少有以下几点进步：第一，篇幅已经突破了一百字；其二，错别字明显减少了；第三，意思表达比较清楚。我们要为他的进步喝彩。"同学们听我这么一说，都情不自禁地鼓起掌来。他深深地给大家鞠了一躬，笑眯眯地走回座位。

就这样在我一次次的鼓励之下，不到一个学期，他就能写出四百字左右的像样子的习作。以下是他的两个习作片段：

我一脚抢过球，闪到一边，又绕过另一名对手直奔球门冲去。对方显然乱了阵脚，奔跑中不时撞在一起。出现了一个缺口！我使出声东击西的绝招，虚晃一脚把对手引到左边，趁他们还没回头，右脚用尽全身力气踢出，球穿过防线子弹一般飞进球门。

水草仍然各长各的，这里一株，那里一株；枯枝也按照自己的性格懒散地躺着，杂乱无序；最底下的枯枝后闪过金黄的影，极快，快得似流星。

从这位学生的身上，我深深地体悟到有效的评价是助力学生成长和发展的推进器。这样的评价是一种关注个体差异的、因人而异的过程性评价，是一种关注学生学习过程、学习进步的发展性评价。所以在实施过程性评价的时候，教师要确立这样的观念，所有的个体以及他们的学习过程和学习成果都应该得到关注、认同和鼓励，善于发现、及时鼓励会让学生变得愈来愈自信、愈来愈爱学、愈来愈优秀。这或许就是过程性评价对学生发展所产生的神奇力量。正因如此，"课程标准"强调指出："课程评价应准确反映学生的语文学习水平和学习状况……关注学生学习过程和学习进步。"其实，这种关注学生学习过程和学习进步的评价，是一种目中有人的评价，是一种因人施策的评价，是一种看得见学生成长和发展的评价。

三

有这样一个故事，也很值得我们思考。

期末考试结果出来了。一位平时经常不能按时完成书面家庭作业的学生，竟然考出了优秀的成绩，在班级名列前茅。这让语文老师和全班同学都颇感意外。这位学生当然很开心，他把自己的喜悦分享给了家长，家长也颇为高兴。

几天后，这位学生满怀喜悦地来学校取《素质发展报告书》，打开后他看到语文总评栏里成绩竟然是"中"，顿时就哭了。语文老师见此情况，就过来解释道："给你打'中'，是因为你平时成绩不好。"听了老师的解释，他哭得更厉害了。

后来我得知了这件事，就与这位老师做了一些沟通与交流。其实语文老师给这位学生总评打一个"中"也许不无道理。问题就在于这位教师用一成不变的标准和要求来评价学生的学习情况，而忽略了学生在这次考试中的"关键表现"，其结果非但没有发挥出这次阶段性评价的激励作用，反而对这位学生造成了一些伤害。倘若这位老师能够抓住这次契机，放大这位学生的这次"关键表现"并加以有效引导，既肯定他的进步，又指出他的问题，并提出希望，指明努力的方向。如此评价，学生心悦诚服，就可能会促使他有更好的表现和更大的进步。其实学生在学习过程中所出现的"关键表现"是弥足珍贵的教育资源，有效的过程性评价就是要善于捕捉并合理利用这些"关键表现"，增强学生的自信心，激发学生的求知欲，着眼学生的未来，促进更好的发展。所以过程性评价需要教师能用发展的眼光看待学生当下的表现，既关注学生学习的常态，更关注学生在学习过程中的关键性表现。而这恰恰是"课程标准"极力倡导的理念，需要教师进一步去理解和践行，最大限度地发挥其育人的导向作用。

慎言"想好了再说"

在一次全国小学语文课堂教学大赛上，一位青年教师借用我校一个班上课。我跟随着这个班的学生去赛场听课。

课堂上，坐在第一排的那个男孩子思维活跃，发言积极，时常被叫起来回答问题，总是得到老师的褒奖，有时还赢得现场听课老师的喝彩。当赛程过半的时候，他又自信地站起来回答问题，可是当他回答完后，只见老师眉头一皱，随即走到他身边，用手抚摸着他的头，微笑着说："老师友情提醒你，今后回答问题的时候，想好了再说。好吗？"只见他深深地点着头，坐了下来。此后，他只是静静地坐在座位上听，再也没有举手发言。课堂的气氛也不如前半堂课活跃了。课堂的这种前后变化，尤其是这个男孩的异常表现，引起了我的关注。

下课后，我就把他叫过来，微笑着问他："你在课堂上表现得很棒！后半堂课，你怎么不举手发言了？"

他挠了挠头，轻声地对我说："我害怕回答错了！"

听了他的话，我恍然大悟，原来他的这种异常变化，是缘于老师的那句友情提醒。

可不是嘛，"想好了再说"，看似是温馨的提醒，其实是温柔的杀手。其言外之意就是没想好就不要说，要说就要想好说对。细细想来，用这样的语言评价学生，至少有以下几个问题：

一是漠视儿童的天性。感性和直觉是儿童的天性。儿童的学习就是充满着感性和直觉。想说就说，这是儿童的天性使然。"想"与"说"其实是一体的，说了一定是想了，"想"是内隐的"说"，"说"是外显的"想"。"想好了再说"，是让儿童先"想"后"说"，看似很有道理，实质是为难儿童，其自然就会造成儿童的闭口不说。

二是容不得儿童的错误。课堂是儿童学习的主阵地。儿童在回答问题时出现错误是再正常不过的事情了。"想好了再说"，这个"想好"，就是容不得学生的错误，不想好、想正确，就不要说。要说就得说对，说到老师的心坎里去。实际上，这是不容许学生在发言时试错说错。殊不知，错误对于儿童的学习来说也是美丽的，从某种意义上来说儿童是在不断犯错、纠错的过程中成长起来的。课堂上，教师如果不容错，不让学生试错、纠错，就没有学生的自由言说。

三是失却对儿童的尊重。让学生"想好了再说"，其实就是让学生去猜度老师的心思，说出老师心里想的答案。学生说出老师想要的答案了，就会得到表扬；说的与老师的答案不一致，就会得到如此这般的"友情提醒"。这是对儿童的一种不理解、不尊重。殊不知，当学生的理解和认识出现偏颇的时候，教师的启发和引导才显得尤为重要。此时，学生最需要的是老师的理解、鼓励和帮助。此刻，老师要放慢脚步，能用儿童的视角去了解学生的想法，最大限度地珍视学生的独特感受，从而做出适切的评价。而这，才是对学生的一种理解和尊重。

所以课堂上教师对学生要慎说类似于"想好了再说"这样的话语。但是对学生学习的过程和结果做出评价的时候，教师则一定要"想好了再说"。因为这时的"想好了再说"，是对儿童的理解和尊重而做出的判断，是对学习的目标和内容准确地理解和把握之后而做出的适切的评价，是对教师因材施教的爱心和责任的诠释。

课堂评价，对学生一定要慎言"想好了再说"，要说就一定要"想好了再说"！

"巫婆"与"产婆"

巫婆，旧时民间以装神弄鬼的方式替人祈福禳灾、占卜等为职业的女性；产婆，旧时民间专为产妇接生的女性。巫婆擅长的是装神弄鬼，愚弄他人；产婆擅长的则是为人助产，迎接新生儿。"巫婆"与"产婆"，这是两个极具隐喻意味的词汇。于此，我想到了课堂，想到了教师，想到了教师在课堂上所扮演的角色。

一日，我听了一堂公开课。课堂上，教师总是在不停地提问，学生也在不停地应答，一问一答犹如行云流水。教师的提问琐碎繁杂，学生的应答浅尝辄止，没有给学生安排自主阅读、自由表达的时间。整堂课中，学生的思维只是课文的字面滑行，没有触及课文的深处，因而学生未能深刻领悟文本的意蕴，思维也未能进阶。课后我问了一位学生："你们平时的课都是这么上吗？"这位学生听我这么一问，略显羞涩，思考片刻，小声对我说："这堂课，老师提的问题都是我们会的，不需要思考就能回答出来。因为有人来听课，有些问题老师在上课前还做了一些提示。"听了学生的话，我哑然了。这样的课堂，能给学生带来什么？教师只是在问一些学生都会的肤浅而琐碎的问题，表面看热热闹闹，但缺乏思维的张力、深度和强度，学生难以获得生长的力量。这样的教学，教师在课堂上所扮演的角色就类似于"巫婆"。这样的现象，在平日中还屡见不鲜，需要引起我们的重视。

又一日，我听了《墨梅》的公开课。课堂上，教师巧妙"让学"，学生学得积极而主动。一是让出黑板，让学生书写课题，介绍作者，相机关注"冕"字书写，以生动形象的古文字"冕"引导学生自我发现、自我更正；二是让出时间，让学生自主阅读，与伙伴分享自己的理解和困惑；三是让出主权，教师创设真实的学习情境，让学生自由提问，教师顺学而导，紧紧围绕学生提出来的问题梳理、整合成富有挑战性的学习任务，展开教学活动。课堂上，尽管有时磕磕碰碰并不顺畅，甚至还出现冷场，但是学生的思维却始终处在一种紧张而活跃的状态，真实而有意义的学习在每一位学生身上发生。这样的教学，教师就像一位高明的"产婆"，导在疑难处，教在关键处，不断地激活学生的思维，不断有精彩的生成，使学生获得了一种生长的力量。

核心素养召唤课堂教学的变革，教师的角色也要随之变化。那种类似于"巫婆"的教师将被时代所淘汰。我以为核心素养召唤下的教师应该是有智慧的"产婆"，能够会用、善用苏格拉底的"产婆术"来展开教学。有智慧的"产婆"，不是给学生现成的答案，而是启发学生在不断发问、寻思的过程中获得真知。课堂上，能够做到目中有人，关注学生的学情，激发学生的好奇心、想象力和求知欲，启迪学生的心智，让学生自主地学、合作地学、探究地学；手中有法，善于采用启发式、讨论式、探究式等方式展开教学，做到不愤不启，不悱不发，使课堂真正地呈现出一种"愤""悱"的学习状态；心中有智，关注学生的学习状态，适时适度地调控，及时有效地点拨，捕捉课堂的生成，引导学生的学习，催生学生的智慧，促进学生的生长。

老师，请不要做"巫婆"，而要学会做一位高明的"产婆"！

第五辑

省思·洞见成长的智慧

只要多一些思考，多一些实践，多一些研究，我们就会进入"柳暗花明又一村"的圣境。

垂范，无言的力量

一天午后，我照例在校园里巡视，遇见了一位青年教师。她向我说起了她参加南京市语文教研活动的感受。这次活动，使她认识到课外阅读对于语文学习的重要性。她想让他们班上的学生都来读曹文轩的《草房子》这本书，问我怎样才能让班上的学生都读起来。

这位工作不到两年的青年教师认识到阅读课外书籍的重要性，值得肯定。她不知怎么做，也纯属正常。

我就问她："曹文轩的小说被称为纯美文学，你自己喜欢吗？《草房子》这本书你自己读过了吗？"

她经我这么一问，有点不好意思，摇了摇头说："还没有呢，我准备最近就来读。"

我说："师生共读，效果可能会更好。教师的阅读，在一定程度上影响和引导着学生的阅读。"

"那该怎么来进行师生共读呢？"她问我。

我说："这很简单，教给你一个方法。明天上语文课的时候，你把《草房子》这本书带到教室里，放在讲台上。下课的时候，你不要回办公室，就坐在学生座位阅读。这时肯定会有学生拥过来问你读什么书。

你跟他们说，给老师一个安静环境阅读，好吗？上课铃响了，你走出教室时要故意把书名展示给学生看。你这样坚持一个星期，看看班级会有什么样的变化。"

一个星期之后，这位青年教师来到我办公室，高兴地对我说："潘校长，你那个方法真好！我们班上已有十几位学生的书包里有了《草房子》。下课的时候，他们和我一样也静静地坐在座位上津津有味地读，有个别学生上课还在偷偷地读。"

听她这么一说，我也很高兴。于是我对她说："这是第一步，接下来是第二步。在今天的语文课上，你对同学们说，最近我发现咱们班有不少同学跟我一样，喜欢阅读曹文轩的《草房子》。这两天咱们要利用一些时间来聊聊阅读《草房子》的一些感受，讲讲书里的一些人和事。你这样坚持做几次，看看班级又会有什么样的变化。"

她又按照我的办法去做了。一个星期之后，我又遇到她。她兴奋地对我说："潘校长，告诉您一个好消息，我们班有二十几位，将近五分之四的同学都在阅读《草房子》了。师生共读，真是引导儿童开展课外阅读的好方法啊！"

"有一个定律叫二八定律，有将近百分之八十的同学能阅读《草房子》，就表明你的这项工作已经做成功了。其实，让全班同学都来阅读同一本书，这是不现实、不可能的，也是一种误区。"我接着问她："你觉得，这样来引导儿童进行课外阅读的关键是什么呢？"

她思忖了一会儿，若有所悟地说："这可能就是身教的力量吧！"

我说："就是身教垂范的力量，这种力量的产生是儿童的天性使然。"

教育是一棵树摇动另一棵树，一朵云推动另一朵云，一个灵魂唤醒另一个灵魂。我始终认为，教师阅读，不只是为了丰厚自己、美丽自己，还是一种率先垂范，为了影响学生、唤醒学生，是一种无言的教育。

放手，教育的智慧

星期一下午的语文教研活动上，老师们对于"儿童问学课堂中如何让学生问"展开了热烈的讨论。

一位刚工作的年轻教师说："课堂时间有限，课堂上让学生提问题，学生乱问，浪费时间怎么办？"

紧接着另一位青年教师也道出了她的困惑："课堂上，让学生去提问，有时候会提出一些浅层次、低质量的问题。譬如在教《维生素C的故事》一课时，不少学生问维生素C是什么？这个科普性的问题与课文的联系并不大。在这种情况下，教师应如何引导？"

还有一位教师提出了这样的问题："课堂教学中，学生在学习过程中也会提出问题，让学生问吧，会打乱教学节奏，完不成教学任务怎么办？"

对于以上的问题，老师们纷纷表达了自己的看法。

其实，以上问题是老师们在建构和实施儿童问学课堂时所出现的共性问题。对于上述问题，我表达了自己的看法。

首先，问学，是一种学习方式，是儿童在问题驱动下的一种学习，是儿童发现问题、提出问题的一种学习。正是因为儿童不会提问或者提不出有价值的问题，所以让儿童学习提问、学会提问，才会变得有价值、有意义。我们绝不能做因噎废食的傻事，而要有一种静待花开的耐心与定力。

第二，问学，也是一种教学理念，它顺应儿童的天性，尊重儿童"问"和"学"的权利，以"问"定"教"，以"学"促"教"，"问""学"相融，"学""教"相长，"问""学""教"相得益彰，和谐共生，使得教学回归本真，回归到促进儿童生长这个主旨上来。有了问题，暴露问题，教学才有必要，才有针对性。所以我们绝不能漠视儿童的问题，而要因势利导，合理利用儿童的问题，巧妙整合儿童的问题。如此就能开启儿童的思维，让真实的学习在每一位儿童身上自然而然地发生。

第三，问学，儿童是主体，"问学"之问是基于儿童而来，是激活儿童的好奇心、想象力、求知欲，唤醒儿童的问题意识，要大胆放手让儿童积极主动地问，毫无顾忌地问，以问启学，以问导学，以问实学，以问优学，以问乐学。然而儿童毕竟是儿童，教师的主导作用不容忽视，要适时适度地教给儿童一些问的策略和方法。具体来说，一要增强问的意识，引导儿童留意生活，对身边的人、事、景、物充满好奇，学会从平常的事物中发现问题；二要教给问的方法，智者巧问，要问得巧，问是有方法可循的。问要能切中要害，问在关键处、问在疑难处、问在空白处；三要养成问的习惯，引导儿童养成勤学好问的习惯，遇事要多问几个"为什么"，在问中学，在学中问，如此才能获得真知。在儿童问学的过程中，教师还要注意包容儿童问的瑕疵，守护天性，让儿童在无拘无束的过程中问，学习问、学会问，因为问就是儿童一种极其重要的学习方式。

其实，课堂教学需要教师大胆放手。放手了，学生才会有一种自由的感觉，有了自由，学生才会释放出天性，迸发出灵性，生发出悟性。放手，绝不是放任，而恰恰是一种尊重与信任，尊重儿童的主体地位，相信儿童的学习智慧；放手，绝不是浪费时间，而恰恰是一种展现与把握，展现儿童真实的学习状态，有利于教师把握真实的学情、调整教学的预案、提高教学的效益；放手，绝不是置之不理，而恰恰需要的是一种引导与点拨，给儿童自由，启迪儿童思维，展开深度学习，需要教师适时引导和适度点拨。所以，放手是一种思想，学会放手是一种智慧，大胆放手则是一种艺术。

儿童问学课堂，对待儿童的问和学，需要教师智慧而艺术地放手！

课堂，儿童的学堂

一日，一位青年教师询问我这样的问题："现在'双减'了，课堂教学要提质增效。我作为一个年轻教师，课堂教学经验本来就不足，'双减'之后经常出现课时不够用的现象。如何在课堂有限的时间里提高教学效率，让学生学好呢？这个问题一直在困扰着我。"

这是一位有思想、有责任心的青年教师。看着他焦虑的样子，我拍拍他的肩膀，笑着说："作为一位青年教师，能有这样的想法，说明你很有进取心啊！"

听了我的话，他有些腼腆而又笃定地说："如今是高质量发展的时代，我们岂敢不进取！"

"我深知，教育的高质量发展一定是绿色的发展、生动的发展、轻负高效的发展。然而当我们走进课堂，面对学生的时候，就有些手忙脚乱，甚至束手无策了。"他接着说道。

"其实面对'双减'政策，我们要把握好'减'与'增'的关系，'减'不是目的，而是手段。'减'是为了更好地'增'，'减'的只是学生过重的作业负担，'增'的应该是学生的快乐学习的体验、高效学习的质量。正如你所说，课堂教学必须要提质增效。"我继续说道：

"据我多年的观课发现，年轻教师的课堂教学主要存在三个问题：一是对教材理解和把握不够到位，导致教学目标偏离；二是对教学中生成性资源不善利用，常常是按部就班地执行教案的设计；三是对学生在课堂上的学习状态不够关注，往往只重视自己的教而忽视学生的学，造成教与学的关系失衡。"

"您说的这些情况在我的教学中确实存在。"说罢，他又问道："那我们该怎么做呢？"

我思忖了片刻，说："我们首先要把功夫花在备课上。教育家于漪老师有一句名言'把备课作为研究'，她每上一课都要经历'三次备课'和'两次反思'的过程，足见她对备课的重视程度。备课是一个老生常谈的问题，在'双减'之下如何备课却是课堂教学提质增效最为关键的环节。然而，万变不离其宗。特级教师于永正先生说：'这法那法，不吃透教材就没法；千法万法，读懂教材是妙法。'所以，我们要把备课当作研究，花大气力去吃透教材、设计教学。吃透教材，一要以课程标准为依据，准确领会课标的要求，做到心中有标；二要精细研读教材，精准把握教材的重难点，做到心中有本；三要科学处理教材，对'教什么'做出精当取舍，做到心中有数。如此去钻研教材，就能有效地确立精准的教学目标，选择精当的教学内容，为课堂教学提质增效奠定基础。当然备课还要备学生，我们要能够了解学生的学情状况，精心选择适切的教学方法，做到目中有人、手中有法。如果备课时能够做到这'五有'，那么我们就会成为学生学习的设计者，对'学什么'和'怎么学'了然于胸，把教案变成学生的学案。"

"其次，我们要重新审视和定义课堂。课堂是学生享受学习、自然生长的殿堂。课堂教学要让学生真正地学起来、习起来、动起来、忙起来才行。教师在课堂上的角色是学生学习的管理者和激励者。这就要求我们在引导学生学习的过程中，一要激发情趣，让学生感到学习有意思；二要敢于放手，大胆地让学生去探索、去尝试；三要适度介入，时而给学生以启发、点拨与示范；四要激活思维，让学生感觉学习有魅力；五要授之以渔，让学生觉得学习有收获。如此做到'五要'，我们就能变教为学，以教促学，调动学生学习的主动性和创造性，拉长和放大学生的学习过程，把学生学习的经历变成一种学习的经验和智慧，使课堂真正成为学生的学堂。"

"最后，我们要致力于培育带得走的能力。在课堂上，学生能够学好所学的内容，当然是课堂教学的目标。但是如果我们把教学的目标只是定位于此，是远远不够的。有这样一句很耐人寻味的话'把所学知识都忘掉，剩下的才是你的'。学习的知识会忘掉，而获得的能力和习惯是学生可以带得走的。所以课堂教学要由'知识本位'走向'素养本位'。在课堂上，我们既要让学生'学好'，更要让学生在'学好'的过程中获得'好学'的方法和智慧。其实'好学'比'学好'更为重要，'好学'一定能'学好'，而'学好'不一定能'好学'。'好学'强调的是学习的情感态度，关注的是学习的思维过程，重视的是学习的方法习得，而'学好'寻求的只是学习的最终结果。因此学生'好学'了，就是拥有了可持续发展的带得走的能力，而这正是'双减'背景下我们所要追求的一种提质增效的课堂学习生态。"

此时他高兴地说："您的话确实让我有豁然开朗之感。'双减'的突围之路主要还是在课堂，课堂教学要回归学生的学习，让学习看得见。课堂教学还要回归学生的主体，让成长更自然。"

把作业变为学生的最爱

一日，一位青年教师来到我的办公室，颇为焦虑地对我说："现在每天给学生布置作业是我最头疼的事情，因为不知道到底该布置一些什么作业来让学生练习才能既符合'双减'的要求，又能取得比较好的效果！作业如今似乎成了一个熟悉而又陌生的'人'了。您能否帮我支支招，解决这个问题？"

这位青年教师的困惑，其实是"双减"政策之下亟待研究和化解的问题。

看他如此焦虑，我笑着说："'双减'对于学校而言，是减轻学生过重的作业负担，表面看这是很小的事情，其实它的意义极其深远。'双减'政策是为了全面贯彻党的教育方针，落实立德树人根本任务，着眼建设高质量的教育体系，强化学校教育主阵地作用，促进全体学生全面而健康的成长。这个以前不太被老师们关注的问题，现在却成了撬动学校变革的支点。对于每位教师，尤其是像你们这样的青年教师来说，无疑是一项全新的挑战。"

"面对这样的新挑战，我们青年教师该怎么办呢？"他急切地问道。

"关于这个问题，我有几点想法要与你探讨，希望能给你带来一些启发和帮助。"我若有所思地说。

"第一点想法是，我们要加强学习，重新认识作业的功能与价值。作业其实是一种非常重要的教育活动。对于学生而言，完成适度、适量的作业有助于促进学习能力、学习习惯、学习方法、责任心、意志力、时间管理能力、实践创新能力等方面的形成与发展。对于我们教师而言，设计、布置合理的作业有利于促进我们对教育政策的理解力、课程内涵的领悟力、教学目标的实施力、教学效果的评价力等方面的形成和发展。所以从这个意义上来说，作业设计的质量及其实施的效果就直接关系到课程目标的达成与否，关系到学生全面和谐的成长完成与否。所以，作业绝非小事！

"第二点想法是，我们要加强研究，精心设计作业的内容和形式。青年教师要把研究当作工作的一种习惯。其一，对作业内容的设计，一要研究相关政策，让设计的作业不逾规；二要研究课标精神，让设计的作业不超标；三要研究教材内容，让设计的作业不离本；四要研究学情状况，让设计的作业不忘人。我们只有这样善用巧用整合思维进行系统思考，才能设计出少而精当且富有思维含量的作业来。其二，对作业形式的设计，要能体现综合性、实践性和趣味性。这就需要我们打破传统的作业观念，不要狭隘地认为只有动笔完成的书面作业才称之为作业，要摆脱这种机械单一的作业形式。其实作业的形式可以丰富多彩，听、说、读、写、演、画等，皆是作业的形式。我们要善于运用学生喜闻乐见的形式来设计作业，引导并激发学生在自由游戏和不断尝试中轻松快乐地作业。其三，作业的设计还要体现差异性、层次性和选择性。这就需要我们关注学生的最近发展区，尽可能让每一位学生通过作业获得生长的力量。

"说到这里，不妨看一个例子。抄写词语，是我们经常布置的作业。通常情况下，我们只是简单地让学生把词语抄写几遍，不分层次，没有差异，不会的要抄，会的也要抄。这样布置作业缺少设计感，不能激发学生完成作业的积极性，学生只是处于被动完成任务的状态。我们可以尝试这样来布置抄写词语的作业：读一读本课中的生字新词，看一看这些生字新词当中哪些对你来说是比较陌生的，就请你用心地把那些陌生的词语抄一抄，直到你熟悉了为止。如此就能激发学生抄写词语的主动性，体现了差异性、层次性和选择性，也增强了作业的趣味性，最大限度地调动了每一位学生学习的积极性。这样，学生就能在自我比较、选择的过程中，自然而然地将词语进行记忆、内化。看来对于常规的作业设计，如果我们能走心、出新，学生就能上心、开心！

"第三点想法是，我们要加强反馈，注意放大作业的成果和作用。学生完成作业是要经历一番艰辛劳作的，其花费心力完成的作业我们切不能简单地批改一下就完事了，而是要充分利用学生作业的成果，放大作业对学生的激励作用。首先，对于学生的作业，我们要能够结合课程标准、年段特点等进行合理、精准的评价，促进'教—学—评'的良性循环，使学生通过作业能够更好地巩固所学的内容，让我们及时地了解学生对所学内容的掌握情况。其次，对于学生的作业，我们要能够利用适当的机会在班级进行交流反馈，让学生能够看到自己、看到伙伴的进步与成长。这对于激发学生的内驱力和培养学生作业的自我管理能力至关重要。其三，对于学生的作业，我们还要能够适时地在班级举办展览，或者通过其他渠道公开发表，借助类似的形式，让学生互相交流、互相学习、共同进步，享受作业的成功和快乐。这样的活动，让学生对作业有了一种亲近感、获得感和幸福感，从而把作业视为一种自我操练、自我学习和自我成长的乐趣，而不是一种负担。"

此时，这位青年教师若有所悟地说道："看来，小作业，大作为。设计作业需要智慧，布置和评价作业更要有智慧。我们要倾注爱心和智慧，让作业为'双减'添彩，更为学生发展赋能助力。"

让手不释卷成习惯

　　一日，我照例巡视校园，遇到了一位青年教师。他问了我这样的问题："'双减'之下，我们比以前更加忙碌了，因而读书的时间受到了挤压。现在真不知道如何忙里偷闲来读些书？"

　　确实，"双减"之后学生在校时间变长了，教师工作强度变大了，属于教师的闲暇时间少之又少了。其实，读书需要闲暇，有闲暇方可读书。这位青年教师的问题，也触发了我对"双减"之下教师读书问题的思考。

　　"你这个问题，让我想起了一个故事。"我笑着对他说，"有一位语文老师时常在课间捧着一本书坐在教室里面忘情地阅读，他时而会心一笑，时而凝神思考，时而动笔圈画……学生经常看到老师如此痴情地坐在教室里面读书，也来了兴致，纷纷带来书籍，学着老师的样子，在课间坐在教室里面津津有味地阅读起来。渐渐地，读书的风气在班级蔓延开来了。"

　　"这位老师真的太有智慧了！"他赞叹有加地说："他的做法为我们诠释了怎样忙中偷闲去读书，也给我们展示了何为身教的力量。"

　　"你说得对！"我点了点头，"在'双减'之下，这位老师的做法值得我们借鉴和思考。他的做法至少给我们以下几点启发。"

"其一，手不释卷应该成为教师的一种生活常态。一个充实而有意义的人生，应该伴随着读书而度过、而发展、而超越。读书，点亮的是心灯，升华的是灵魂。书中有知识，那是勤奋而聪慧的先贤们，在漫长的历史长河中，探寻和打捞出来的璀璨之珠；书中有情感，那是真诚而善良的人们，用其生命力量和炽热情感酿造而成的醇香之酒；书中有精神，那是勇敢而坚韧的人们，在不懈追求的进程中，将理想上升为行动，从而盛开出来的生命之花；书中有思想，那是长久思考与无畏批判的哲人们，以其全部的精神力量种植而成的永恒之果；书中有智慧，那是用人生的体悟与理性的考问，融会而成的灵魂之光……作为肩负教书育人神圣使命的教师，如果缺少了书籍的滋养，其精神就会变得疲软无力，其生命就会变得黯淡无光。教师读书，是给自己的心灵给养加钙；教师读书，是给自己的心里装上一台成长的发动机，滋养着生命的成长；教师读书，更是让自己能自信地应对教育教学中的各种问题。所以，教师切不能因'双减'之后的忙碌而放弃读书，教师的生活须臾离不开读书。试问，教师不读书，何来立德树人的教育底气？

"其二，教师手不释卷是给学生的一种无言教育。教育不是知识的传授与灌输，而是灵魂的救赎与唤醒。教师读书不同于一般人的读书。在很大程度上，教师读书是为了提升自己的专业素养和实践智慧，并用以影响和教育学生。'双减'之后，学生拥有了属于自己的闲暇时光。随之而来的问题是，学生该如何合理地安排这些闲暇时间？读书无疑是丰富学生闲暇生活的最好方式。所以'双减'之后，更需要我们能像这位语文老师那样，更多更好地利用零星时间在学生面前手不释卷地阅读，丰厚自己、唤醒学生、潜移默化、润物无声，使学生养成手不释卷的读书习惯，利用好闲暇时间充实自己的生活。试问，教师不读书，哪来润物无声的教育智慧？

"其三，师生手不释卷是学校的一种文化气质。学校要有学校的样子，得要有自己的精神样貌，要有自己的文化气质。而这种精神样貌、文化气质，往往是通过师生的言行举止而透发出来的一种习惯、一种品性、一种历久弥新的文化气息。恰如爱因斯坦所言，什么是教育？当你把所学的知识都忘记了，剩下的就是教育。忘记了知识之后剩下的是什么？那就是习惯，那就是精神，那就是文化。所以读书理应成为师生的共同习惯，成为实现以文化人的基本活动，成为养育学校文化的阳光雨露。倘若一所学校的教师都能够崇尚经典，手不释卷，那么他们周身定然会散发出一股股浓郁的书香气息，他们定然也会关注学生的阅读。假若这样，学生定然也会在教师的教育和感召之下，以书为友，手不释卷，崇尚阅读。倘若如此，学校定然就会飘逸着书香，拥有自己独特的气质。用书香涵养学校的气质，这是'双减'之下，我们每一位教育人的应为与坚守；用读书抹亮青年教师成长的底色，这是'双减'之下，我们每一位青年教师的可为与作为。试想，师生不读书，谈何学校教育的文化气质？"

这时，他有些激动地说："您的这番话，太精辟了！'双减'确实给教师提出了更高的要求，作为青年教师更应该要积极地去应对。'双减'，需要我们养成手不释卷的习惯，需要我们拥有智慧工作的头脑。"

"你的话语也很精辟啊！"说罢，我们朗声笑了起来。

让研究为成长赋能

一日，一位青年教师对我说："'双减'之后，出现了许多新的问题，比如课堂如何提质增效，如何实现'教—学—评'的一致性，如何有效布置作业，等等。面对这些问题，我们很多年轻教师都有些茫然，您能给我们指点些迷津吗？"

从他真诚的话语当中，我真切地感受到他内心的困惑和焦虑。是的，"双减"是一个全新的命题，有许许多多以前未曾遇到的"痛点"和"难点"问题需要我们去研究解决。于是，我就与他探讨起解决这些问题的办法来。

"教师既是实践者，又是探索者。根据多年的工作经历，我愈来愈深切地体会到学会研究是解决问题的不二法门。苏格拉底说过：'未经反思的生活是不值得过的。'同样，未经研究的教育教学是不值得实施的。所以，对于'双减'中出现的问题，作为年轻教师不要焦虑，而要静下心来开展研究，从研究中汲取解决问题的智慧，过上一种有意义的教育研究生活。"

"静下心来做研究，这是我们青年教师最缺乏的能力。"他说道。

我笑了笑说："正是因为青年教师缺乏这方面的能力，所以学会研究才显得特别重要。苏霍姆林斯基说过：如果你想让教师的劳动能够给教师带来乐趣，使天天上课不至于变成一种单调乏味的义务，那就应当引导每一位教师走上从事研究这条幸福的道路上来。"

"看来，学会研究，不仅能帮助我们解决实际的问题，还能给我们的工作带来乐趣。这是一举多得的事情。"他若有所悟地说，接着他又问："那如何开展研究呢？"

我对他说："我先给你讲讲我是怎样走上研究之路的吧。刚刚走上工作岗位的时候，尽管我认真地备课，用心地教学，但是我的课堂教学总是难以引起学生的兴趣。这让我苦恼不已。我向学生询问了原因。学生说我上课总是老一套，没有新鲜感。学生率真的话语让我汗颜，也使我茅塞顿开。于是我就下定决心，一定要想办法解决这个问题。通过学习，我尝试着把'陌生化'的理论引入我的课堂，让我的课堂能够产生一种'陌生化'效应，唤醒学生对学习内容的新鲜感和好奇心，吸引他们的注意力，进而让他们产生浓厚的学习兴趣。这样的研究，使我的课堂教学发生了很大的变化。渐渐地，学生爱上了我的语文课，我也因此爱上了研究。"

听了我的讲述，他略有所思，说："从您刚刚的讲述中，我感受到了这么几点：第一，研究要从发现问题开始；第二，研究要不断学习和思考；第三，研究要敢于尝试和探索。"

"你总结得很好！"我竖起大拇指为他点赞。在此基础上，我凭借自己对研究的理解和感悟，对他说道："研究首先要有问题意识。没有问题谈何研究？问题源于实践，一定是自己工作中所遇到的真实问题。其实对研究来说，问对问题比找到答案更重要。有了真实性的问题，研究才会有实际价值，才能更好地促进发展。其次，要不断学习，开阔眼界，捕捉灵感，善于借鉴别人的思想和智慧来解决自己的问题。

第三，要勤于思考，对问题的解决要有自己的思路和想法，并且能够根据自己的研究能力设计出比较合理的研究方案，有计划、有步骤地证实自己的设想。第四，要敢于尝试，在实践中上下求索，找寻解决问题的方法和路径。要知道，研究绝不是一蹴而就的事情，而是一个极其艰辛的探索过程。所以青年教师对待研究要有足够的耐心和定力，坚持问题导向，勇于探索，勤于实践，乐于反思，做到在探索中调整研究的方案，在实践中优化研究的过程，在反思中生成研究的成果。此外，在研究过程中还要善于与别人合作，虚心向他人求教，乐于与人交流与分享自己的研究经验和体会。"

"听了您的指点，我感受到我们青年教师必须要历练自己的研究能力，插上研究的羽翼，翱翔于教育的天地，找寻教书育人的智慧。"他舒展眉宇不无兴奋地说。

"是的，教育需要智慧，智慧来自研究。所以，对于'双减'中出现的问题，只要多一些思考，多一些实践，多一些研究，我们就会进入'柳暗花明又一村'的圣境。"我握住他的手说道。

用写作来酿造思想

一日，一位青年教师跟我聊起教育写作的话题。他说："'双减'之下，我对教育教学做了些思考和尝试，很想用文字把这些记录下来。可是，每当我坐下来准备写的时候，总觉得脑子里空空的，不知道写些什么，也不知道如何去写。所以，教育写作对我来说是一件很困难的事。"的确，大部分青年教师对教育写作总有一种畏难情绪。其实，我在年轻的时候，也有着同样的体验和感受。

提起教育写作，有一件事对我的影响很大，甚至改变了我教育行走的姿态。面对这位青年教师的烦恼，我要把它分享给他，希望能给他些许帮助。

"那是1995年，我在破格晋升教师职称的时候，就因缺少一篇论文而未能遂愿。当时，如果有一篇获奖或者发表的论文，我就可以顺利过关。遗憾的是，工作整整十年的我，竟然连一篇像样的文章都没有。"

"这件事给您的触动很大吧？"他问道。

"是的。然而我并没有气馁，而是做了深刻思考。通过反思，我认识到光顾埋头教书而缺少对理论的学习和积淀、对教育的研究和思考以及对经验的总结和提升，只会让自己的路越走越窄。要想使自己获得持续的发展，就要择高而立，仰望星空，脚踏实地，恒练'内功'，把教育教学工作与科学研究紧密地结合起来，齐头并进，相得益彰，方能更好地促进自己的专业成长。于是，我就开启了自己的写作之旅。"

"那您是怎么做的呢？"他追问道。

"就在当年的暑假，我对自己的教育教学工作做了回顾和思考，一口气'硬'写了近十篇文章。在写作中，我发现自己的文字是那么笨拙，尽管有时自己心里的感受很强烈，可倾吐出来的文字却是那样的'蹩脚'。我这才幡然醒悟，原来写作是需要经过一番漫长而艰苦的修炼的。让我欣慰的是，我在暑假里'硬'写的这些文章都相继发表了。第二年，我的职称自然也就顺利地晋升了。"

"这就是天道酬勤！"他说道。

我点了点头，继续说："播种文字，酿造思想。叶圣陶先生曾说过'写下来是个很有效的办法，叫你非想清楚不可'。这个想清楚的过程，其实就是一种探索实践的过程，就是一种凝练思想的过程，就是一种总结提升的过程。这次经历，让我领悟到写作是教师生命的应然状态，也只有写作，才能唤醒和砥砺教师的教育智慧。从此，我就把写作当作自己教育行走的一种方式。"

"您的故事，给我太多的思考和启发。"他颇有感慨地说："对待写作，我们首先要消除畏难情绪，大胆地写；其次要拥有持之以恒的定力，不断地写；第三要倾注自己的心力，认真地写。"

"你归纳得很到位！"我竖起大拇指说，"但我要提醒青年教师注意的是，教育写作是为了记录自己的教育生活，酿造自己的教育思想，绝不是为了评职称，追名利。我之所以要讲这个故事，就是想用它来说明我怎样走上教育写作之路的。其实，这件事之后，我给自己定了一个规矩：每月至少要写一篇有模有样的文章，每年至少要公开发表一篇有真知灼见的文章。多年坚持，从不间断。所以这才有了我在报刊上公开发表400余篇文章和出版发行10部专著的研究成果。"

"先规矩而后巧。给自己立下规矩，与写作牵手相伴。这或许就是一种痛并快乐着的教育生活。"他若有所悟地说。

我微笑着说："这么多年与教育写作相伴，我愈来愈真切地体会到用文字记录教育的行走虽然辛苦，但很快乐。因为教育写作，记录着我与学生同学习共成长的心路历程，彰显教育之美，追寻美的教育；记录着我对教育教学的理解和思考，迸发智慧之光，点亮教育之路；记录着我探寻教育教学真谛的热情和创造，酿造教育的思想，生成前行的力量。教育写作，想说爱你也容易！"

潜心修炼课堂语言

课堂教学是一个多边对话的活动。在这个多边对话的活动中，教师的课堂语言发挥着至关重要的作用。教师的课堂语言，应该字字含情、句句动人、声声入耳，凝练生动、妙趣横生，启迪智慧、耐人寻味。这样的语言，是拥有魅力的语言，能激发学生的兴致，让学生快快乐乐地学习；这样的语言，是富有张力的语言，能开启学生的思维，让学生快快乐乐地思考；这样的语言，是贴近儿童天性的语言，能引领学生走向课堂的更深处，让学生快快乐乐地成长。

在课堂上，教师面对的是一群活泼泼的、成长中的孩童，组织、引领这群孩童情注课堂、专心学习，就成了教师的课堂使命。从这个意义上讲，教师的课堂语言就有着特殊的教育意味。

首先，教师的课堂语言是一种富有情境性的语言。课堂学习情境的营造离不开教师语言的渲染。这就意味着教师的课堂语言首先要有一种画面感，要用生动形象的语言为学生营造出一种温馨而安全的学习场域，让学生对这个场域能有一种心驰神往的感觉；其次要有一种带入感，要用通俗易懂的语言把学生带入到课堂学习的情境中来，让学生的心智浸润于神奇灵动的文字里，沉浸于情感充溢的情境中，潜心会文，体验探究，发现意义，理解感悟，内化语言，积累语言，汲取语言文字的运用智慧。

其次，教师的课堂语言是一种富有生成性的语言。课堂是一个灵动而开放的空间，学生的学习过程就是在这个空间里展开的。这就意味着教师的课堂语言是难以事先预设好的，更多的是在课堂上随机生成的。因而，它是一种无法预约的、不可复制的生成性语言。正因如此，课堂的多边对话才会在教师那灵动而富有情智的语言点化下，灵光四射，向前推进。而在此过程中，教师要集中心思，用心倾听，能够把课堂上所捕捉到的信息及时地在自己头脑中进行加工处理，并能在很短的时间内把自己的"内部语言"迅速而准确地转化为贴近儿童实际的、让儿童易于接受的"外部语言"，以做出合理的应答。而这对教师来说无疑是一种挑战。

再次，教师的课堂语言是一种富有感召性的语言。古人云："感人心者，莫先乎情。"道出了情感的力量。教师的课堂语言应该是富含真情实感的语言，因为只有情真真、意切切的语言，才是一种撼人心魄的语言。也只有这样的课堂语言，才能在课堂上产生一种强烈的感召力和凝聚力，才能最大限度地激发学生的好奇心、想象力和求知欲，才能卓有成效地调动学生的积极性和创造性。这就意味着教师要准确地把握教学的内容，充分地发挥语言的技巧，精心地组织课堂的语言，以求达到"情见于辞、情发于声、情触于理"的表达效果。这是其一。其二，教师还应注意发挥体态语言的功能，要善于通过抑、扬、顿、挫的声调和相应的面部表情以及恰当的动作手势的变化来表达心情，抒发情感，引发学生的情感共鸣。而这正是语文课堂所要追寻的一种境界。

第四，教师的课堂语言是一种富有启发性的语言。课堂是儿童生命成长的地方。生命是需要生命来唤醒的。当然，唤醒生命的活力，更是需要智慧的。这就意味着教师的课堂语言要富于启发性，要能够开启学生的心智，引发学生的思考，让学生知道要学什么，怎么学，以及学到何种程度，启迪并引领着儿童的发展。不禁想起《礼记·学记》中的话："道而弗牵，强而弗抑，开而弗达。道而弗牵则和，强而弗抑则易，开而弗达则思。和、易、以思，可谓善喻矣。"富有启发性的课堂语言，应该是一种"道"的语言，是一种"强"的语言，是一种"开"的语言。如此这般的课堂语言，才能营造出一种"和、易、以思"的学习情境，才能让学生处在一种积极思维的状态。而这才是一种真正体现语文学习的课堂。

第五，教师的课堂语言是一种富有总结性的语言。教师的课堂语言催生着学生智慧的成长。学生在课堂上学到什么，用什么方法学的，学得怎么样，在情感态度和价值观、知识与能力、过程与方法等诸多方面有着怎样的发展，这些都是需要教师加以引导和点拨的。这就意味着教师的语言要具有一定的总结性，既要能适时适度地帮助学生总结自己学习的经验和方法，又要能及时有效地帮助学生识错纠偏、拨乱反正，指引思维的航向，引领着学生稳步前行。

面向全体学生，使之成为具有丰厚语文素养的语文人，这是语文教师追寻的梦想。让我们用自己的爱心和慧心去修炼自己的教学语言，充分地发挥语言的艺术魅力，准确而规范地运用那些饱含真情的、富有童真的、洋溢童趣的课堂语言，唤醒儿童的心灵，放飞儿童的梦想！

观照 · 汲取行者的思想

以行者为师，择其善者而从之，砥砺自
我，丰盈智慧，行稳致远。

行者如诗

　　我和李琳老师虽然没有在同一所学校工作过，但我们已经结识多年，因为我们都曾是建邺的小学语文教师，最初就是因课而相识的。记得那还是1987年的春天，建邺区教师进修学校在古朴典雅的石鼓路小学进行全区的语文教学研讨活动。活动中，给全区老师执教公开课的是走上工作岗位还不到一年的清纯大方的李琳老师。课上，她那从容镇定的教态、底蕴深厚的教学素养、灵动扎实的教学过程，给我留下了极其深刻的印象，也让我羡慕不已。之后在市区的一些教研活动中，我时常能听到李琳老师的一些真知灼见。有的时候，我俩还会同台上课，用课例来诠释各自对语文教学的理解，而她每次的课堂教学总能给人一种别样的感觉。其间，我看到的是一只漂亮的蝴蝶在芬芳的花丛中翩然起舞。再后来，我经常在报刊杂志中读到李琳老师写的文章，或短或长，或议或叙，或细究学理，或解读案例。在其间，我又分明看到了一只美丽的蝴蝶在七彩的园地里，迎风飞舞，执着前行……

一

儿时的李琳就有当语文老师、能终身守望那秀美方块字的梦想。这是她对语文的一种痴迷，一种捍卫。

"沐浴教育的清辉，播撒事业的心雨。"这是李琳老师对教育的一种情怀，一种追求。

"我，把一片深情寄予了鼓楼这片热土，这是绿叶对根的情意；我把一份热情呈送给这块土壤，那是种子对泥土的眷顾；我把一腔激情奉献于教育这个时空，那是飞鸟对蓝天的依恋……"这是多么炽热的情愫，多么诗意的追寻啊！这不禁让我想起了诗人艾青说过的话："为什么我的眼里常含泪水，因为我对这土地爱得深沉。"李琳老师对教育的爱是深沉的，因而她把教师当作自己永恒追寻的事业。有了对教育这份最深沉的爱，她就有了前行的坐标和不竭的动力。于是她踏实工作、虚心请教、勤奋钻研，在语文教育的百花园里，倾注心血，舞动智慧，负重攀登一个又一个的高峰。天道酬勤，成功往往垂青于那些勤奋的探索者。无论是在建邺还是在鼓楼，李琳老师都在不断地创造奇迹，一次又一次获得了成功，而她也在这一次次的成功当中，精神得到了洗礼，思想得到了砥砺，智慧得到了提升，逐步地走向成熟与成功。

有人说，一位老师是否真的优秀，学生说了才能算数。我很认同这种说法。李琳老师爱学生，她是把学生看成自己生命的延续，因而她深得学生的喜爱。三十多年来，李琳老师送走了一届又一届的毕业生，教学成果丰硕。这当然与她多年来倾心研究，因材施教，追求课堂效率是分不开的。有诗云："桃李不言，下自成蹊。""投我以桃，报之以李。"正是由于李琳老师深爱着学生，深爱着语文，才有了乐此不疲的精神支柱，才有了一届又一届的桃李芬芳，才有了毕业的学生如此深情地倾诉："我永远永远也不会忘记这位漂亮、有才情、有责任心的老师。这段美好的记忆将陪我走过人生旅程中无数个春夏秋冬"。

二

李琳老师对语文有着特殊的情感。她用自己的才情和智慧去探寻语文教学的本真，把最美的语文奉献给学生。她时常为了设计一份满意的教案，经历"多少个挑灯夜战，彻夜难眠，多少次推翻重来，磨课试教，多少回冥思苦想，字斟句酌"。正是有了这样精益求精的执着追求，她才有了解读文本的智慧，有了设计教学的灵感，有了驾驭课堂的技巧。于是才有了《九寨沟》《每逢佳节倍思亲》《水》《困境是一笔财富——<鲁滨逊漂流>读书会》等一系列精彩的公开教学的课例。这一堂堂公开课的课例，无一不凝聚着她探索的智慧，无一不回响着她跋涉的足音。

李琳老师对语文有着独特理解和追寻。针对语文教学复杂和繁琐的现象，李琳老师从语文的特质出发，沿波溯源，削枝强干，提出了"简单语文"的教学主张。她认为，语文教学应该追求一种"简单"的境界。简单不是单调乏味，不是机械刻板。简单是"简约""简洁""简明"的合璧。"简单语文"讲求教学目标的单纯清晰，教学设计的简洁洗练，教学预设的精简科学，教学过程的张弛有度。古人云："大道至简。""简单语文"的背后其实蕴含着极为丰厚的东西，它是对"课程标准"深入学习之后的科学把握，是对文本深刻理解之后的深入浅出，是对学生充分了解之后的精心安排，是对精巧预设之后随机生成的正确引导。"简单语文"，就是对语文课堂的一种"清洗"，是去掉那些本不属于语文的东西，把语文课上得精炼一些，实在一些，灵动一些，开放一些，让学生理解得更深刻一些，感受得更丰富一些，学习得更快乐一些，以使语文给学生的生命滋养变得"不简单"。这就是"简单语文"的价值追寻，也是改变语文教学高耗低效的理想选择。李琳老师的这种探索无疑是一种有价值、有意义的探索。

李琳老师对语文课程的构建也有着自己的思考。她用"亲爱的同学，老师就在书中等你"这句温馨的话语去召唤学生爱上阅读，以丰富和拓展语文课程的内涵。经过探索和实践，她创造性地提出了"一位作家+一套童书+一本经典"的儿童文学阅读的主张，并以此为范式构建力学的语文校本课程体系，使得课内阅读与课外阅读双轨并行，成为学生飞翔人生天宇的灵动双翼。

最为难能可贵的是，李琳老师能够把自己的教学思想转化为具体的教学行为，融入她的语文教学当中，她能给老师们拿出例子，放出样子，用令人信服的案例，引领着力学乃至一个区域的语文教学的发展。这或许就是李琳老师探索的意义和生命价值的一种体现。

三

李琳老师就是一位热爱生活、热爱读书的人。但凡读书的人都知道这样一个理：读书人，要耐得住寂寞，要平心静气地阅读，要能够读得进去。李琳老师也深谙此道。生活中，她最大的嗜好就是把自己的整个身心沉浸在书海之中，心游万物，思接千载，视通万里，与文字对话，与智者交流，享受着阅读所带来的快乐。李琳老师总是这样如饥似渴地阅读着、思想着、行走着，走出了"自我"的圈子，走向了更为广阔的天地。所以只要你见到李琳老师，你就会发现她的周身都飘溢着书香，沁人心脾。"腹有诗书气自华"，每每听李琳老师发言或讲座，她总是出口成章，引经据典，妙语连珠，令人折服。

李琳老师还勤于笔耕，收获着"铅字文"的快乐。说真的，我非常喜欢读她写的文章。前不久，我在《小学语文教学》杂志上，读到了李琳老师写的《拓展：文本开发和设计的超越之道》。这篇文章观点新颖，语言清新，既有理论的高度，又有思想的深度，也带着实践的温度。我反复阅读着这篇凝聚着李琳老师智慧和才情的文章，细细地品味着其中的每一个案例，消化着她提出的每一个策略。读之，确有一种醍醐灌顶之感。李琳老师就是这样笔耕不辍，播种文字，酿造思想，令人感佩。

李琳老师，一只逆风奋飞的蝴蝶，她用翩跹的舞姿舞动出语文的精彩，舞动出人生的诗意！

李琳老师，一位负重跋涉的行者，她用炽烈的情感开创着儿童的未来，开创了如诗的事业！

一朵春天的奇葩

　　与史春妍老师虽然不在同一个区，但是我早就听说过她的名字。她是南京市一位很有思想、很有智慧的低年级优秀语文教师，曾多次代表南京参加省级和国家级的语文课堂教学竞赛，都取得了可喜的成绩。我也多次置身于她的课堂，倾听她那清澈而又充满诗意的语文教学。她的课堂给我的感受就如同她的名字一般美好：一朵春天的奇葩，尽情绽放在语文的百花园里，芬芳娇妍，鲜洁怡人。

　　几年前，史春妍老师参加了南京市第二期学科带头人高级研修班，拜我为师，从此我就更为关注她的成长和发展。最近，她把《静下心来教语文》的书稿发给我，要我写几句感言。说实在的，拿到这本凝聚着史老师多年心血和智慧的书稿，阅读着书中那一篇篇富有真知灼见且散发着实践光彩的文章，我为史老师在语文教学上取得如此骄人的成绩感到无比的兴奋与自豪！"静下心来教语文"，透过这个书名我能够真切地感受到史老师那颗沉静的热爱语文的心在跳动，在吟唱。史老师就是凭着自己那颗沉静的心在语文园地里且行且思，探寻母语教育的真谛，把最美好的语文奉献给儿童，让儿童能够静下心来学习语文，尽情享受学习语文所带来的那种欢愉和幸福。真的，在如今这个浮躁的时代，史老师能够静下心来教语文，这是多么地难能可贵啊！

常言道："定能生慧，静纳百川。"平心静气，这对于渴求知识、拥有智慧的人来说，是何等重要啊。曾几何时，语文课堂变得浮躁，部分教师也心浮气躁，学生肢体乱动，思想游走。有人这样戏言：现在的语文得了浮躁病，患了多动症。然而史老师凭着她那敏锐的洞察力和深邃的思考力旗帜鲜明地提出了"静下心来教语文"的观点。这一观点直指当下语文课堂的这些弊端，无疑给浮躁的语文课堂吹来一股清新的空气，让语文安静下来，让语文课堂能够理性地回归到语文课堂应有的状态中来——教师静下心来教语文，学生静下心来学语文。静下心来教语文，这对于播种智慧的教师来说，应该是其必须拥有的一种心态和教育的智慧；而静下心来学语文，这对于学语习文的学生来说，应该是其必须具有的一种态度和学习的智慧。而这，不能不说是史老师的一种洞彻，一种感悟，一种清醒。

其实，语文课堂最需要拥有一颗安静的心，最忌讳的就是肤浅和躁动。周国平先生说得好："最好的境界是丰富的安静。"语文课堂就应该努力为学生营造一种丰富的安静，让学生在这种安静的情境当中，静下心来，一笔一画地临写汉字，尽情享受书写汉字所带来的审美体验。静下心来，潜心会文，静心思考，穿行在文本的世界之中，与文字对话，同智者交流，思接千载，视通万里，尽情享受着静悄悄的丰富。静下心来，圈点批注，动笔圈画词句，写下感受，尽情享受着文本所营造的丰富多彩的世界。当然，洗耳恭听，也是一种安静。课堂上，让学生静下心来，或聆听老师的讲解，或倾听同学的发言，或欣赏同学的朗读，尽情享受着洗耳恭听所带来的丰富的感受。而这些，才是语文教学所要追寻的一种境界。由此看来，史老师提出的"静下心来教语文"，就是她的一种育人的智慧，就是她对语文的一种炙热的情怀，就是她对母语教育的一种美好的诉求。

多年来，史老师情系语文，扎根课堂，在长期的语文教学实践中养成了静心思考的良好习惯。可以说，思想已经成了她的一种最为美丽的行走方式。

史老师长期从事低年段的语文教学，对于低年级老师普遍感到头疼的汉语拼音教学，她做了深入的思考和研究。通过多年的探索研究，她提出了"简简单单教拼音，水到渠成学语文"的主张。她的做法和体会是：借助情境，简简单单学发音；说、唱、画、玩，快快乐乐学字母；因势利导，轻轻松松学拼读；双线并进，水到渠成学语文。由此不难看出，她的思考和研究总是植根于语文的教学实际，总是基于儿童的健康发展，力求探索一种既简单又快乐，既轻松又有效的汉语拼音的教学策略。我以为，这是史老师强烈的责任心和爱思考的习惯使然。

识字写字是低年级语文教学的重点。史老师对于识字写字教学倾注了大量精力和心血，做出了许多有益的探索。史老师有着深厚的文化底蕴，她对中国的汉字情有独钟，对汉字的构字规律和字理进行了深入的研究，写出了许多情趣盎然的汉字故事。《七彩语文》杂志就为她开辟了"兜兜龙说汉字"专栏，刊发她的研究成果。这个专栏深得学生、老师和家长的喜爱。

不仅如此，史老师还积极投身于教育科研，先后参与或主持了多项国家级、省市级课题的研究，用科学的方法来研究汉字，研究教学，取得了丰硕的成果。但凡听过史老师语文课的人，总会强烈地感受到她的识字教学别具特色，汉字的文化魅力在她的课堂上得到了淋漓尽致的展现，浓浓的文化气息氤氲在她的课堂上，给人以美的享受。比如，教学《小动物过冬》这节课时，她充分利用课文的情境，将识字和阅读紧密地结合起来，在轻松愉快的氛围中，引导学生揣摩品味汉字的音、形、义，结合语境理解和感悟词语的意蕴，巧妙地把识字、学词、读文、思考、表达融为一体。课堂上书声琅琅，充满着情趣，流淌着智慧，学生真正成了课堂的主人，课堂真正成了学习的乐园。这堂课荣获了全国苏教版小学语文教科书课堂教学大赛的特等奖。这个奖项，对于史老师来说是实至名归。再如，在教学"春节　饺子　拜年/清明　扫墓　踏青/端午　粽子　龙舟/中秋　团圆　月饼"这些"词串"时，她将识字的过程寓于诵读词串之中，巧妙地把汉字、成语、诗歌融为一体，引导学生进入情境，在诵读中体会情感，在诵读中想象画面，了解民间风俗，积累语言，感受祖国源远流长的历史文化。著名特级教师孙双金听完这堂课后，情不自禁地发出了这样的赞叹："站在讲台上，她就是语文。"如此评价，对于史老师来说是最恰当不过的了。试想，如果没有深入的研究，哪能有这般智慧灵动的课堂教学？倘若没有深邃的思考，哪能有如此精彩纷呈的识字课堂？要是没有大胆的实践，哪能有这样独具特色的教学案例？

　　"教是为了达到用不着教。"史老师在教学中，尤其注意培养学生自主学习的能力和习惯。她的课堂有一个最为鲜明的特点：关注学生的"学"，致力于培养学生的学习力。她认为："在自主学习能力中，一个重要方面就是自主阅读的能力，当今社会大量的信息、资料都是通过阅读而获得的，自主阅读能力的高低，直接影响着自主学习的效果。从低年级开始，教师在课堂教学中就要有意识地培养学生自主阅读的能力。"在长期的实践中，她总结出了"四重四引"的教学策略：重视自主预习，引导自主小结；重视自主发问，引导自定目标；重视自找学法，引导自主交流；重视课内外结合，引导自主拓展。这"四重四引"的教学策略，把课堂还给了学生，把学习的主动权交给了学生，为学生的语文学习生活抹上缤纷的色彩，更为学生的发展进步创造了广阔的空间。这就是史老师的一种幸福的追寻，也是她给予学生的一种幸福的体验和快乐的享受。

史春妍，一位春天的使者，她用自己的才情和智慧把春的希望播撒在儿童的心田，开出妍丽的花朵，发出馥郁的芳香。

史春妍，一朵春天的奇葩，她以自己的芬芳和娇妍盛开在语文的百花园里，新鲜俏丽，流光溢彩。

史春妍，一位智慧的行者，她用自己的步伐和姿态行走在语文教育的路上，步履稳健，足韵悠然。

拥有自己的句子

　　名师应当拥有属于自己的句子。特级教师刘荃在三十余年的语文教学路上且思且行，找寻到了属于他自己的句子——站在语文的根基上前行。这寥寥数字，凝聚着刘荃老师对语文教学的深邃思考和探索智慧。曾几何时，语文教学因失却其根基，而导致学生的听说读写能力下降，语文素养低下。这不能不说是一种遗憾。然而，令人欣喜的是，刘荃老师能够清醒地认识到语文教学的这些弊端，并且凭借着自己对"课程标准"理念的透彻理解、对语文课程的精准把握以及对语文教学的炽热情怀，孜孜以求，爬梳剔抉，刮垢磨光，提出了这个属于他自己的语文教学主张。更难能可贵的是，刘荃老师能够勤于思考，勇于实践，用一个个精彩的课例诠释了他的教学主张。刘荃老师的这种探索与追寻无疑给当下的语文教学吹来了一股清新的风，其带给我们的启发和思考是深刻的。

一

　　刘荃老师心系儿童，致力于学生语文核心素养的全面提升。他认为，促进学生的和谐发展，全面提升学生的语文核心素养，是语文教学的价值追寻。因而他的语文课总是基于儿童的立场，从学生语文生活实际出发，科学地进行学情分析，大胆地处理教材，合理地制定教学目标，细致地梳理教学内容，准确地把握语文教学的起点和生长点。他的语文教学始终紧扣的是课程而不只是教材，是用教材来"教"而不是"教"教材，真正做到使每位学生通过语文学习都有所收获、有所发展。

我曾多次置身于刘荃老师的语文课堂，其时总有一种如沐春风的感受。他的课堂能够立足儿童，发展儿童，课堂氛围宽松自然，富于童趣，最大限度地调动学生学习语文的主动性和创造性，课堂上学生学得轻松，学得主动，能够学着用自己的眼睛去发现，用自己的心灵去感悟，用自己的语言去表达，学语习文，生成智慧。他的课堂犹如一池活水，呈现出一种"大鱼前导，小鱼从游"的美妙境界，教师前导得巧妙，学生从游得欢畅，课堂上学生学得自由，能够释放潜能，探索发现，分享收获，体验成功。他的课堂总是那么简洁，那么高效，呵护着儿童的天性，最大限度地满足学生的情感需求、求知需求、发展需求，切实地促进学生核心素养的提升。

二

刘荃老师情系语文，潜心于母语教育的研究与实践。他认为，语文教学要守住"语文的根基"，让语文这棵大树在学生的心田巍然屹立，生机勃勃。在他看来，守住"语文的根基"，就是要让语文教学充盈着"民族文化的浸润"，要高举"语文教育民族化"的旗帜，使学生在兴味盎然的语文学习中体味民族语言的丰富和多彩，体会民族思想的广博与精深，体察民族精神的深邃与永恒，进而传承和发扬优秀的民族文化，打好精神的底子；就是要让语文教学充分汲取"母语教育的精粹"，要坚守母语教育中那些古老而确有裨益的教育思想与教学艺术，在批判中继承，在继承中发展，在发展中创新，提高语文教学效率，提升学生核心素养；就是要让语文教学接受"现实生活的滋养"，"语文学习的外延与生活的外延相等"，面向学生广泛的现实生活世界，搭设桥梁以沟通联系，让语文走进生活，让生活走进语文；就是要让语文教学关注"语言运用的实践"，要为学生创设更多的语文实践的机会，让他们亲历学语习文的过程，在倾听中学会倾听，在说话中学会说话，在阅读中学会阅读，在写作中学会写作。这些见解和主张无疑都是精辟而又深刻的，无一不凝聚着他的思想，浸润着他的智慧。

正是由于刘老师对语文教学有着如此深邃的理解和把握，所以他的语文课总是深深地根植于语文的土壤之中，咬定语言，固本强基，善用巧用文本的语言去拨动学生的心弦，开启学生的心灵，滋养学生的心智，使学生在学习语言文字运用的过程中，能够真切地感受到母语的神奇魅力，并从中汲取一种前行的力量。比如，教学《"你必须把这条鱼放掉！"》这课时，他对这篇课文中有价值的教学资源，进行了合理开发和巧妙运用，能够抓住课题的特别之处，整合资源，由题切入，展开教学，把课上得有滋有味，充满情趣，富于思辨，使学生在比较中发现，在默读中思考，在朗读中体悟，在丰富多样的语文实践中，走进文本，内化语言，习得语言文字的运用智慧。

三

刘荃尤为关注儿童学习语文方式的转变，专注于批注式阅读教学的探索，取得了可喜的成效。他认为，实施批注式阅读教学，有利于学生习得科学的阅读方法，养成良好的阅读习惯，形成较强的读写能力，全面提高学生的语文核心素养。这是他对传统语文学习方式的一种继承和发扬，富有一定的创新性。他所提出的批注式阅读教学，是基于语文课程目标的达成，促进学生学习方式的转变，面向全体学生，引领学生结合自己的生活经验、情感经历、知识储备，积极地与文本和教科书编者展开对话，从各个层面对文本进行感受、理解、欣赏、评价，并运用批注这一方式把自己对文本的独特感受表达出来，在此基础上，以问题为核心，以交流讨论为形式来推进阅读的深入，实现各对话主体间的不断超越的一种阅读教学形式。

刘荃老师所建构的批注式阅读教学的理论及其实施策略，是富有一定的现实意义的。在当下的语文教学中教师施教过度，学生的真实学习缺席，动口不动手，几乎成为语文课堂的常态。而批注式阅读教学就完全改变了这种课堂教学状态，教师适度施教，变教为学，把读书思考、圈点批注的时间还给了学生，让真实的语文学习在每一位学生的身上得以发生。审视刘荃老师的批注式阅读教学，至少在如下几个方面具有明显优势。

第一，批注式阅读教学使自主阅读在课堂上最大限度地得以实现。因为这种阅读教学方式给学生充足的时间研读文本，实实在在地让学生触摸语言、感受语言、理解语言、运用语言，实实在在地让学生在读写听说思的实践中摸爬滚打，历练语言思维能力，提升语文核心素养。

第二，批注式阅读教学使交流分享在课堂上变得深入而又充实。因为这种阅读教学方式能够让每一位学生都积蓄了与伙伴、与教师对话的资本，从而促进阅读对话质量和效益的提升。

第三，批注式阅读教学使学生的个性化阅读变成一种可能。因为这种阅读教学方式突出了学生的潜心会文，自我思考，因而能够有效培养学生的分析性思维、批判性思维、创造性思维和应用性思维，使思维具有一定的广度和深度，并且打上个性化的烙印。

其四，批注式阅读教学使读与写的联系变得愈发密切起来。因为这种阅读教学方式让学生读时直接，写时具体，在不知不觉中读因写而深刻，写因读而流畅，这样既加深了阅读的深度，又提高了学生的语言组织和运用能力，扩大了写作的广度，彰显儿童笔尖上的智慧。

如此看来，批注式阅读教学恰恰是站在儿童学习语文根基上的一种最为朴素的学习方式，是促进学生形成自主、合作、探究的学习方法的一种最为便捷的实践方式，也是促进语文课堂形态有效转变的一种教学方式。

四

刘荃老师钟情于教育，痴迷于语文。我与他共事多年，见证着他的成长。在他身上发生的许多感人的事情至今还历历在目。我清楚地记得他第一次面向南京市上习作公开课时那种寝食难安的情景，为了上好这节公开课，他朝思暮想，多方求教，反复磨课，精心预设，最终取得了成功。课后，他还认真反思和总结，写成一篇论文公开发表在1997年第9期《小学教学参考》上。一位年轻教师如此对待教学研究，这是多么难能可贵啊！我还清楚地记得他第一次参加建邺区青年教师赛课时的情景。那是他新婚后没几天的事情，他放弃了婚假，参加赛课。这次赛课，他执教《琥珀》一课。他以新颖的构思，精巧的设计，扎实的功底，获得了一等奖的殊荣。我也清楚地记得，他的儿子刚出生不久，他又放弃护理假，代表建邺区参加苏州、无锡、常州、南京四市语文会课活动。这次会课，他执教《望月》一课，充分发掘文本的意蕴，大胆创新，以读为主，课上得灵动厚实，赢得了专家和老师们的高度赞誉。一位年轻教师如此对待工作，这是多么令人感佩啊！我还记得他参加首届江苏省青年教师赛课磨课和上课时的情景，记得他参加首届全国苏教版教材阅读教学大赛磨课和获得一等奖时的情景，记得他参加第11批"江苏省特级教师"评选时淡定从容的情景……这一次次公开教学的经历，砥砺了他的教学智慧，历练了他的教学风格，生成了他的教学主张，找寻到了属于他自己的句子。

"一人行快，众人行远。"如今，刘荃老师有了自己的工作室，他带领着一群富有朝气、充满梦想的语文教师团队，站在语文的根基上前行，探寻母语教育的真谛。愿刘荃老师语文团队中的每一位青年教师都能像刘荃老师那样，在语文路上且行且思，找寻到属于自己的句子，谱写母语教育的精彩华章！

一位思想的行者

何伟俊老师痴迷于读书，钟情于语文，专注于研究，堪为楷模，实乃我敬重的一位语文教育的思想者和实践者。

何老师从事语文教育近四十年，在语文教育这片园地里，孜孜以求，播种思想，收获智慧，享受着读书、上课、教研所带来的一种幸福。《犁痕桨迹：我的语文行与思》这本厚厚的书就记录着他探索的历程和实践的成果。捧读着这本流淌着真情、充盈着智慧的专著，带给我的是一种酣畅淋漓的快意和豁然开朗的顿悟，同时一种由衷的敬佩之情也油然而生。当教师，教语文，做研究，就应该像何老师这样多读书，善思考，勤实践。如此这般，才会在读书的过程中积淀一种底气，在思考的过程中产生一种灵气，在实践的过程中创造一种生气。

何老师是一位博览群书的人，他把读书学习当作自己的生活方式。在他看来，读书分两种：读"过"的书和读"到"的书。读"过"的书，很快烟消云散，随时光消逝；读"到"的书，就是"属于你自己的书"，它留在你的心灵里，留在你的生命里，和你的心智一起成长。这是多么精辟而独到的见地啊！正是如此，他阅读每一本书，总是读"到"自己的心里去，读"到"自己的实践中去，把读"过"的书变成读"到"的书，滋养生命的成长。因而，我们从他的这一篇篇读书笔记中，可以看到他潜心阅读的身姿，看到他凝思默想的神情，看到他茅塞顿开的笑靥，看到他与智者对话的惬意，看到他收获思想的幸福……他用他的读书为我们诠释了教师的阅读不只是为了丰厚自己，而是为了更好地工作，还是为了影响他人。因而，他组织小学青年教师读书班，极力倡导教师读书，与青年教师一起读书，让青年教师从书籍中汲取前行的智慧和力量。

何老师是一位勤于实践的人，他把课堂教学当作自己的实验阵地。一位教研人员能够走进乡村课堂，给学生上课，为教师示范，这是多么难能可贵啊！伟俊兄用一个个精彩的课堂让"课程标准"的理念变成了可观可感的具体实践。他教《二泉映月》，让老师们明白了"朗读，如何成为教学内容"；他教《特殊的葬礼》，让老师们知晓如何带领学生踏上阅读之旅；他教《少年王冕》，让老师们懂得如何使学习成为学生自己的事……他的课堂教学总是这么质朴自然，充满浓浓的语文味、人情味和儿童味。因为在他看来，教语文要留下形象、留下情感、留下语言。形象、情感、语言三位一体，共同作用于学生语文核心素养的形成，人文精神的养成，体现出语文教育的多重功能。他用他的课堂实践为我们道出了语文教育的真谛——语文课堂必须关注人，关注学生的言语智慧和人文精神的共同生长；语文教研必须关注人，关注教师的设计能力和课堂智慧的同步发展。因为目中有人的课堂才是有生命活力的课堂，目中有人的教研才是有生命活力的教研！

何老师还是一位乐于研究的人，他把思考借鉴当作自己的研究乐趣。作为一位嗜书如命的教研员，伟俊兄在听课的时候，在解读文本的时候，总是多了一种思考，多了一种视角，多了一种见解。比如，他听于永正老师执教《我的伯父鲁迅先生》，就思考语文教学能给学生留下什么？听窦桂梅、张康桥等老师上的语文课，就思考如何为语文教育打开明亮的窗扉？听孙双金老师执教《推敲》，就思考如何从"佳话"到"文化"；比如，他用"在词语的池塘里游泳"的视角来解读《二泉映月》的词语并设计教学；用"与天地和心灵对话"的想法来解读并设计柳宗元的《江雪》……这些思考，这些视角，无不闪烁着何老师的真知灼见和实践智慧，给人带来的思考和启迪是丰富而多元的。

何老师的这部专著让我们明白了一位语文教师的生存状态和行走方式应该是用心去读书、去教书、去写书。在读书、教书、写书的过程中历练自己，幸福自己，做最好的自己。

唯美之树，生长唯美

认识李树华老师已经三十多年了。我们一同进入南京晓庄师范学校，虽不在同一个班级，但由于她才华出众，时常在学校活动中大显身手，是我们那一届的红人，因而我早就知道她。巧得很，毕业之后我们都分在了建邺区，虽不在同一所学校，但都教小学语文。所以我们经常在市、区教研活动中见面，也使得我能有机会走进她的课堂，欣赏她的风采。如此一来二去，我们便熟识了。记得走上工作岗位没几年，李树华就成了建邺区的优秀语文骨干教师，时常面向市、区进行公开教学。她的课堂总能给人以一种美的享受和情的陶冶，那亲切自然的教态，那甜美悦耳的语言，那独具匠心的设计，给人留下了难以磨灭的印象。这也让我羡慕不已。

李树华，一位美丽的使者。多年来，李树华老师始终以美的形象展现在学生的面前。她人美，衣着美，心灵美，课堂更美。美，在她的身上，在她的课上，无处不在。只要你遇见她，一种知性淡雅之美便会飘溢出来；走进她的课堂，一种自然清雅之美就会流淌出来；与她交流探讨，一种缜密优雅之美就会流溢出来……可以说，热爱美，追求美，已经成了李树华最从容、最惬意的行走方式。她说："热爱是最好的老师。因为热爱，我愿意全身心地付出并乐在其中。"其实，热爱本身就是一种美德。难能可贵的是李树华老师能把这种热爱化作行动，变成习惯——以书为友，与思相随，砥砺智慧，探索实践，充实自我，完善自我，让课堂生动起来，美丽起来，让学生学得轻松起来，愉悦起来，使语文成为学生的最爱。这是一种多么唯美的追求啊！为此，她能够全身心地付出，享受着这种追求带给她的那种快意和乐趣。这种追求，折射出她对学生的那种关爱，对母语的那种痴迷，对教育的那种挚爱。这样的美丽情怀，怎不令人感佩！

长期以来，李树华老师始终以教书育人为己任，情系语文，播撒爱心，舞动智慧，潜心钻研，关注儿童的生命成长，追寻唯美的语文课堂，致力于儿童语文核心素养的全面提升。《国家中长期教育改革和发展规划纲要》指出："关心每个学生，促进每个学生主动地、生动活泼地发展，尊重教育规律和学生身心发展规律，为每个学生提供适合的教育。"李树华所追寻的唯美语文课堂，就是基于儿童言语智慧的活泼生长，尊重母语教育的规律和儿童身心发展规律，力求为每位学生提供适合语文学习的唯美情境。语文其实是最为美丽的课程，一个个汉字，一个个标点，一句句话语，一篇篇课文，无一不蕴含语文的美丽风姿和神奇张力。她能够凭借着自己的智慧和才情把语文的美丽风姿播撒到儿童的心田，滋养心灵，把语文的神奇张力渗透到儿童的心间，滋生智慧。因而，她的语文课堂总是植根于儿童的现实生活，守护儿童的天性，紧紧抓住语言文字这个本体，用唯美的思想来驱动课堂，用唯美的线条来拉动课堂，用唯美的流程来丰厚课堂，用唯美的语言来激活课堂，最大限度地彰显语文课程的魅力和学生生命的活力，让学生的知识与能力、情感与智慧在唯美的课堂情境中得以生成与发展。正因如此，学生在她的课堂上才会感受到学习语文是一种最为美丽、最为惬意的生活。这不正是素质教育所追寻的一种境界吗？

李树华，一位美丽的智者。但凡与李树华老师相处过的人，都会真切地感受到她是一位极富智慧的老师。她的课堂，她的言谈，她的文章，无不充满着一种智慧之美。这种智慧在行进中绽放，她说："我的语文教学智慧，是在不断学习与实践中生长的。"

工作头几年，当时的学校还没有校本教研、备课组活动这些做法，但是李树华老师全身心地扑在工作上，每天在学校里除了上课就是听课，经常忙得把大堆的作业本背回家批改。她以一种极其虔诚的态度向有经验的教师学习，让自己的教学能够尽快走上正轨。从邓惠如老师的身上，她学到的是爱心和细致，大气和丰厚；从牛桂生老师的身上，她学到的是执着和不懈的探究精神……执着的追求，虚心的学习，使她很快就拥有了教学的智慧，并在区里崭露头角。工作的第三个年头，她就获得了建邺区语文教师基本功竞赛一等奖的殊荣，且代表建邺区在南京市上了观摩课。

1988年至今，她几乎每隔一段时间就要参加一个培训班，从建邺区第一届小学语文高研班到南京市第一届小学语文高研班，从南京市骨干班到江苏省骨干班，从教研员培训班到管理者培训班……这一个个培训班的学习开阔了她的眼界，增长了她的才智，使她的教学更趋成熟，很快地成长为南京市优秀青年教师和语文学科带头人。

她就是这样不知疲倦地工作着、学习着，用学习来扮靓自己的教育人生。可以说，学习，已经成了李树华教育行走的一种最为优雅的姿态。

李树华老师的智慧还表现在她对教育教学的深刻思考和独到理解上。在长期的学习和实践中，她养成了善于思考的习惯。思考，已经成了李树华老师慢养自己教育智慧的又一美丽方式。思考，让她成了一位有思想的智者。

譬如，她关注学生课堂成长的问题，思考如何让学生学得轻松愉悦，学有所得，学得高效。于是，她就着力去建构灵动的课堂，让课堂充满生长的气息。

她关注课堂智慧绽放的问题，思考如何在课堂启迪学生的心智，聆听那种生命拔节的声音。于是，她就把"踢球"的艺术引进语文课堂，自然巧妙地引领学生经历语文学习的过程，享受语文学习的愉悦。

她关注阅读对话的问题，思考如何在课堂点燃学生的情智，激发学生自主学习的欲望，有效地实现多元对话。于是，她就研究对话理论，着力打造聪慧而又多情、唯美而又生长的语文课堂。

…………

从对这些问题的深邃思考和深入探究的历程中，可以真切地感受到李树华对语文教学的唯美追求。她总是能以自己敏锐的感知把握住时代的脉搏，找寻到自己的位置，从容地驾驶着语文这叶扁舟，向着语文的更深处漫溯，在儿童的心灵深处荡漾出一圈圈美丽的涟漪。

李树华，一位美丽的行者。多年来，李树华老师在语文路上踏歌而行，且思且行，走出了属于自己的唯美之路。她把自己对语文教学的理解和感悟融入一个个课题的实验研究之中，转化成一节节精彩的课堂教学。这两年，我听了她上的好几堂语文课，很是震撼。

她上《真想变成大大的荷叶》，能够关注诗歌的特点，关注学生的学情，准确研制教学目标，精心选择教学内容，巧妙运用教学媒体，合理安排学习方法。课堂上，书声琅琅，诗味盎然，趣实相生，张弛有度，寓教于乐，给学生带来了无限遐想的空间，激发了学生关注生活、热爱生活的情感。

她上《荷花》，能够根据文本的特点和儿童的实际，把课上得引人入胜。课堂上，美丽的图画、曼妙的乐曲、动情的朗读相映成趣，营造出一种与文本内容完美匹配的教学情境，自然而巧妙地把学生带入到文本的情境之中，使得叶圣陶笔下的荷花优雅而雍容地走进儿童的心里，产生一种美妙的共鸣，获得一种审美的体验。

她上《九色鹿》，努力给学生营造一个轻松快乐的语文学习的氛围，让学生放下包袱，自信地走进语文课堂。课堂上，她尤为关注学生的学习状态和感受，目标清晰，品味词句，内化语言。学生在课堂上学得积极主动，时而沉思默想，时而热烈交流，时而深情朗读，时而情境表演……整节课，学生兴致盎然，享受语文学习所带来的那种快乐和幸福。

…………

这一节节精彩的课例，倾注着李树华老师潜心研究的智慧，印刻着李树华老师探索实践的履痕，闪耀着李树华老师追求理想的光芒。这一节节精彩的课例，可以让我们更加真切地感受到李树华老师所追寻的唯美语文的那种生长的课堂形态，更加真切地体悟到李树华老师这位美丽的行者所秉持的那种严谨的治学态度。

唯美，是教育的一种高远境界，这也是李树华老师所追寻的一种理想的语文教学境界；生长，是教育的一种本真状态，这也是李树华老师唯美语文课堂的一种本真诉求和应然状态。

李树华老师用她的满腔热情和聪明才智全心全意地培育着语文这棵美丽的树。祈愿这棵美丽的树能够根深叶茂，开出唯美的花，结出唯美的果！

因为热爱，所以执着

与杨德铸老师相识已有多年，他给我的印象是博学、睿智、善思、执着，而且这种博学，这种睿智，这种善思，这种执着是由内而外地自然而然地透发出来的。我曾多次走进他的语文课堂，听他上课，他的课堂朴实自然，总会带给我一种如沐春风般的惬意。学生在他的课堂里自由而快乐地学习着，活泼泼地成长着。我也曾多次参与由他精心组织的语文教研活动，听他讲座，他的每次发言都鞭辟入里，总会带给我一种醍醐灌顶般的酣畅之感。教师在他的教研活动中都会自然地获得一种教学智慧的生长。

岁月如流，屈指算来杨德铸老师在江北新区这片教育沃土上已经辛勤耕耘了三十二个春秋。三十二载寒来暑往，改变的只是岁月和颜容，不变的是因爱而生的执着与初心。三十二年来，他一如既往，孜孜矻矻，执着前行，孕育了属于自己的语文教育思想，送走了一批又一批的莘莘学子，培养了一位又一位的优秀语文教师。对于他来说，读书、教书、教研永远是快乐与幸福的事情。

一

　　杨德铸，一位忠实的语文教学的实践者。杨德铸老师对语文有着特殊的情结，对语文教学有着别样的情怀。尽管他原先不喜欢文科，也不擅长文科，但是因为热爱，他还是走上了一条丰富多彩的语文教学之路。他虚心向有经验的老教师学习，把自己的全部精力都用在教育教学工作上，因而很快就把语文课上得有声有色，引领学生徜徉在语言的、文学的、生活的天地里，汲取智慧，发展语言，快乐成长，深得学生们的喜爱。他也因此赢得了多次执教公开课的机会，并且在各类教学比赛中屡屡获奖，成为语文教学的佼佼者。更为难能可贵的是，他做了语文教研员之后，依然坚守语文课堂，既当教练员，也做运动员，时常用鲜活的课堂给一线的老师们做示范，用生动的案例开启教师的心智，引领教师的专业发展，深得老师们的敬佩。不仅如此，无论是在南京市教研活动的课堂上，还是在江苏省专题研讨活动的课堂上，甚至在全国"课改中国行"专题活动的课堂上，也能时常欣赏到杨德铸老师那灵动而有品质的课堂教学。杨德铸老师就是这样用自己的才情、智慧和实践去探寻语文教育的真谛，把最美丽的语文奉献给学生，把最真实的教研呈现给教师。这就是一位忠实的语文实践者的优雅而从容的行走姿态。

二

　　杨德铸，一位踏实的语文教学的研究者。杨德铸老师对语文有着自己的理解，对语文教学有着独特的主张。多年来，他一直没有停止过思考和研究，思考已经成了他的一种生活习惯，研究已经成了他的一种行走方式。通过长期的思考和实践，他提出了"情味语文"的教学主张，以"适情"为起点，"悟情"与"融情"为策略，"怡情"为目标，探求"情味语文"的课堂理念、价值追求、课堂特征、教学设计、课堂实施与课堂评价，并重点抓住"情味语文"指引下的课堂教学策略和学生学习策略，推进语文课堂教学改革，塑造一种充满生命活力、展现学习个性、"情"与"语"深度融合的语文课堂新样态。不仅如此，杨德铸老师还潜心于"品质课堂"的实践研究，他认为语文课堂至少要有"语文味""情感味""文化味"这三个层次的"品质"，并且提出了品质课堂的三条实施策略和五步教学法。尤为值得一提的是，杨德铸老师总是善于把握时代的脉搏，与时俱进地展开研究。"双减"政策出台之后，他就敏锐地提出了语文教学要"唤醒儿童"的思想。"唤醒儿童"就是激活学生学习的内驱力，把学生置于语文课堂的中央，让学生能够高情感地投入学习，高思维地参与学习，高效率地主动学习，真正实现课堂的"提质增效"。他的这些教学主张及其探索研究有着独特的价值意蕴和创新举措，无疑为语文教学增添了活力和亮色。这就是一位踏实的语文研究者的睿智而深邃的思维品质。

三

杨德铸，一位朴实的语文教学的思想者。叶圣陶先生说得好："写下来是个很有效的办法，叫你非想清楚不可。"杨德铸老师深谙此道，他在语文路上踽踽独行，笔耕不辍，播种文字，酿造思想。正因如此，他时常有真知灼见的文章在《语文建设》《语文教学通讯》《江苏教育》等杂志上公开发表。这些文章，或源自他的课堂教学实践，或源自他组织的一场场教研活动，或源自他立项研究的一个个课题……源于实践，高于实践，洋溢着实践的智慧。说真的，我非常喜欢读他的文章。因为这样的文章既有实践的温度，又有思想的深度，也有着理论的高度，每每读之，有一种豁然开朗般的顿悟之感；这样的文章朴实自然，既没有名词术语的炫弄，也没有陈词滥调的赘言，每每读之，有一种清风拂面般的舒爽之感；这样的文章见地独到，既切中时弊，又独具匠心，字里行间透发出的是他对语文教学的矜持、冷静和沉思，每每读之，有一种醍醐灌顶般的酣畅之感。近日，一本凝聚着他的思想和智慧的专著《品质课堂：语文教学新样态》正式出版。捧读这本厚实的著作，获益良多，感佩有加。用文字酿造思想，让自己的教学行走更加从容，更有力道。这就是一位勤奋的语文思想者的抓铁有痕的实践智慧。

四

杨德铸，一位真实的语文教学的领航者。杨德铸老师是一位深受一线语文老师敬重的语文教研员。他从事语文教研工作多年，对年轻教师的关心总是真诚的，无微不至的。年轻老师的邀约指导，他总是有求必应，面对年轻老师的课堂，他既不吹捧，也不棒喝，总是赏识有加地在寻常的细节处发现年轻老师把握教材、组织教学的闪光之处，并能用发展的眼光真诚地为年轻老师描绘一个"更好的自己"。面对他的帮扶，年轻老师心生的是激动，获得的是力量，付出的是行动。因此，他成为江北新区语文教师专业成长航道上的领航者。

作为南京市语文学科带头人，作为江北新区教师发展中心的副主任，杨德铸老师有自己的名师工作室。为了名师工作室成员的专业发展，他总是事必躬亲，以一个领航者的姿态，带领着工作室的成员行走在语文教学改革的最前沿，攻坚克难，帮助一线语文老师解决那些急难愁盼的问题，引领语文教学的方向。他以自己的智慧和才华走在了队伍的前面，展现出一位领航者的担当与风采。这就是一位虔诚的语文领航者的淳朴而恬淡的思想情操。

因为热爱，所以执着。杨德铸老师以其满腔的挚爱之情，自信而优雅地走在语文教育的路上，播种智慧迎难上，一路欢歌永向前。

思辨，让行走更有力量

感谢青年才俊杨树亚老师对我的信赖，让我有机会能够读到用他的智慧凝聚而成的《思辨·行走——我的语文生活》这本书稿。说真的，读着杨树亚老师写的这本浸润着思想、流淌着才情的书稿，我的思想受到了荡涤，心灵得到了浇灌。多么善于思辨的青年才俊啊，在平凡的岗位上，他用挚爱拥抱语文，用思想孕育智慧，用真情奉献教育，走出了一条富有个性的语文教学的思辨之路。在探寻语文教育真谛的路上，杨树亚老师学会了思考，学会了研究，学会了总结。思辨，已经成为杨树亚老师的一种教学习惯，更成了他教学行走的一种最美丽的方式。

我对杨树亚老师的认识就是从读他的文章开始的。清楚地记得，我第一次读他的文章是在《语文教学通讯》上，那篇文章叫《轻拨复捻皆成曲，低吟浅唱总关情——名师执教〈二泉映月〉精彩片段赏析》，洋洋上万字的文章，我一口气就读完了。一个年轻的教师竟能写出如此分析透辟的文章，让我很震撼，很钦佩。这之后，我相继在《小学教学设计》《基础教育课程》《小学语文研究》等杂志上读到他的文章。说真的，我非常喜欢他的文章。因为他的文章总是充满着思辨的力量，既有理论的高度，又有思想的深度，也带着实践的温度，每每读之，有一种别有洞天的豁然之感；他的文章总是那样自然朴实，但文笔却很老到，功底很深厚，且都是源自他的教学实践，都是他的思想积淀和经验升华，每每读之，有一种如饮甘泉的痛快之感；他的文章见地独到，切中时弊，字里行间总能够透发出他对语文教学所保持的那种特有的清醒，每每读之，有一种茅塞顿开的酣畅之感。他的文章总是在简洁明了的风格中徐徐展开，既有案例，又有反思，更有入木三分的理性剖析，就在这种剥笋式的记录与阐释中，让人聆听到他的语文教学思想的溪流在汩汩流淌时所发出的欢歌……

杨树亚老师把对语文教学的思辨，落实在了他的具体的课堂教学当中。他长期进行"语文思辨式教学"的研究和探索，已经取得了一定的成果。他的语文课始终充满一种思辨的力量，启人心智，令人回味。记得我最初听杨树亚老师的课是在 2006 年春的南京市语文青年教师课堂教学比赛上，当时，杨树亚老师执教《爱如茉莉》这篇课文。在教学中，杨树亚老师把握住语文课程的自身特点，关注"语文元素"，引导学生在自主阅读的基础上，扣词析句，品读体悟，交流讨论，步步深入。学生们兴致勃勃，各抒己见，思维的火花不断地迸发。课堂上，既有"蓦然回首，那人却在灯火阑珊处"的发现和顿悟，又有"山重水复疑无路，柳暗花明又一村"的惊喜和收获，既有"心有灵犀一点通"的和谐共鸣，又有"此时无声胜有声"的心灵释放……杨树亚老师亲切从容，或凝神倾听，或启发点拨，呵护学生的稚嫩心灵，尊重学生的切身感受，在平等对话中，轻松愉快地达成教学目标。整堂课都氤氲着一股如茉莉般幽香的"语文味"，自然清新，沁人心脾。杨树亚老师这节课获得了一等奖的第一名，引起了轰动。

听了杨树亚老师的《爱如茉莉》后，我就在思考着这样的问题：

一位年轻的语文教师，对语文何以能有如此精准的把握和精彩的诠释呢？于是，我开始关注杨树亚老师。在"大家语文"的博客上，我俨然成了杨树亚老师的"粉丝"，经常上网去阅读他写的"博文"。从他写的有关读书感悟和生活随笔等"博文"中，我终于读出了他思辨的力量源泉——阅读。阅读生活，阅读书籍，成了杨树亚老师的一种生活习惯，就如同呼吸一般自然。杨树亚老师是一位热爱生活，热爱读书的热血青年。试想，不读书，他何以能有如此强盛的思辨力？不读书，他何以能有如此的真知灼见？不读书，他何以能生长出属于自己的思想？读中国的文化典籍，使他有了一种深厚的文化力；读文艺理论，使他有了一种深度的思想力；读教育理论，使他对教育教学有了一种深刻的理解力；读哲学，使他对事物的认识总是充满着一种科学的辩证法。杨树亚老师就是这样如饥似渴地阅读、思考、行走，走出了"自我"，走向了语文的深处，走向了更广阔的天地。

在与杨树亚老师的交往中，我发现他还是一位谦逊善问的青年教师。有一次，我与杨树亚老师一起担任南京市语文青年教师课堂教学比赛的评委。每听完一节课，杨树亚老师都主动过来与我交流探讨，让我说说对本节课的看法。两天半的听课活动刚刚结束，杨树亚老师就在他的博客上写了一篇《元素·话题·张力——听潘特说语文》的"博文"。这次活动，让我对杨树亚老师有了更深的认识，他真的是一位活在思辨中的语文实践者。他总是在倾听中思考，在思考中反省，在反省中提升。这或许就是杨树亚老师成功的秘诀之一。

杨树亚老师对语文还有着一种特有的敏感。后来，我又与他相聚在一起听课。课间，他与我谈及了对语文课堂的一些思考。他发现当下部分语文课堂有些哗众取宠，只顾让学生"穷开心"，这是一种可怕的现象。他准备写一篇《语文课，岂能让学生穷开心》的文章，问我可否。我很认同他的想法，更折服于他那敏锐的洞察力。

　　杨树亚，一位充满着智慧的青年教师，以其对语文、对生活的炽热情怀，抒写着属于自己的美丽的语文人生！

　　杨树亚，一位思辨着行走的青年教师，以其稳健的行走姿态，步履坚实地行走在语文路上，相信他会越走越有力量，给小学语文增添更多的光亮！

简约，一种优雅的境界

　　我与金立义既是校友又是同乡，也是仿佛年纪。我们相识数载，彼此情谊深厚。

　　近日，立义兄嘱我为他的"简约语文"写几句评述，我心中不免有些忐忑。但是，作为校友，我为立义兄在语文教学上能有如此丰硕的成果而感到自豪；作为同乡，我为立义兄在语文教学上能有如此骄人的建树而感到骄傲；作为同龄人，我为立义兄在语文教学上能有如此深邃的思考而感到钦佩。立义兄真的很出色！他在小语界是个比较活跃的特级教师，也是为数不多的正高级教师。于是，我怀着向立义兄虔诚学习的心态答应了他的要求。

　　夏日，骄阳似火，知了鸣唱。我端坐在电脑旁，仔细地阅读着凝聚了立义兄及其团队思想与智慧的专辑文稿，再翻阅着他发表的百余篇文章，心中涌起阵阵感奋。

　　立义兄，一位真诚的语文教学的守望者。坚守语文的阵地，让语文课程在素质教育当中发挥其独当之任，这是时代对语文教学的呼唤。三十多年来，立义兄以他渊博的学识和对语文教学的独到理解以及敏锐把握，保持着自己的行走姿态，步履稳健，且行且思，探寻着语文教学的真谛，守望着语文的家园。

有人说，语文是一门比较容易跟风的学科。确实，语文教学常常会有来自各方面的干扰，容易使人在"乱花渐欲迷人眼"的现象中迷失语文教学的方向。而立义兄在语文教学改革的进程中，总能保持清醒的头脑，准确地把握语文的航向，始终以一位真诚守望者的角色行走在语文教学的路上。

针对当下语文教学出现的目标模糊、内容贪多、环节繁杂、对话低效的问题，他鲜明地提出了"简约语文"的教学主张。多年来，他对"简约语文"的探索是虔诚的、执着的，也是富有成效的。

他认为"简约语文"有三大价值：呼应语文课标要求、遵循汉语言特点、落实语文要素。他对"简约语文"的内涵做出了诠释："简"是形式，"约"是本质。"简约语文"，就是以沉静的心态，从儿童发展出发，把握语文的教学真谛，坚持本色语文，摈弃一切不需要的奢华与作秀，让语文教学返璞归真，让课堂瘦身、干净，走向高效而丰盈，让学生真正成长于课堂。

他还明确提出了"简约语文"课堂的基本特质："三本"——学科本位、儿童本位和素养本位；"四简"——教学理念简朴，教学目标简明，教学内容简要，教学环节简化。

立义兄根据多年的实践探索，找寻到了实施"简约语文"的路径：精准解读文本，整合教学设计，开展智慧理答等。

由此看出，立义兄提出的"简约语文"已经建构了较为完整的体系，有理性的思考，也有实践的举措。因而，他的"简约语文"荣获江苏省首届教学成果奖二等奖、南京市首届教科研创新奖二等奖，被列为江苏省规划立项课题是实至名归，富有推广应用价值。

立义兄的"简约语文"有广度，有深度，有高度，有效度。

他思考文本解读的问题。他认为文本都是以个性姿态存在的，教师要做文本的知音。要依文而解，依文而教，依文而学。他撰写了《几类文本解读的要素》，帮助老师们认清各类文体的特点，提升解读文本的能力。

他思考阅读教学的问题。他提出了"阅读教学亟待二次转身"，从"教课文"向"教语文"转身，从"教课文"向"学语文"转身，让语文教学渐入三重境界，提高课堂教学效率。

他思考习作教学的问题。他冷观当下习作教学存在着的"四个绑架"，提出了习作教学要守护童心，指导课要坚持让学生"我手写我心"，鼓励学生写自己的故事，讲评课要多鼓励，帮助学生建立信心，习作教学要从"立言"走向"立人"。

他思考识字教学的问题。他认为低年级的识字教学存在目标杂、步子碎、节奏慢等问题，提出老师们要尽快理清和解决三个问题：生字什么时候出来？出来后教什么？怎么教？

他思考语文要素落地的问题。他提出了统合的观点，要单元整体备课，处理好语文基本目标、单元核心目标和课文承载的特殊目标三者之间的关系。教学设计要突出核心目标，加强实践板块的设计，让语文要素落地生根。

他还思考命题改革的问题。立义兄是原苏教版教材编委会评价组的核心成员，对于语文试卷的命制，有着自己独到的理解和思考。他前后撰写了多篇考试评价文章，有的被人大书报资料中心全文转载。他认为，语文考试命题价值取向要助力学生的成长，尤其是"阅读考试命题不能跟着感觉走"，阅读命题要重点考察学生的"五大核心能力"。他经常被邀请外出讲座，考试命题的讲座常常引起一线老师的广泛共鸣和高度认可。

....

从对这些语文教学的基本问题或热点问题的探寻历程中，可以真切地感受到立义兄能够以他的才情和睿智保持着一种冷静、一种矜持、一种从容。他能够从纷繁复杂的现象中，用简约的思维方式，审视着、深思着，并找寻到自己的位置。他善于分析，精于取舍，形成了自己的教学主张和风格。这种冷静，这种矜持，这种从容，不仅是他的性格使然，还是他深具洞察力的表现，是对语文课程本质的准确判断与科学把握。

还是立义兄说得好："简约是教学中的大气度、大智慧；守望是坚守，是期望，更是责任。应不负使命，删繁就简，让语文课堂返璞归真，散发本真的清香。"从中，不难看出立义兄对语文教学有着一种神圣的责任感和使命感。守望简约，这是立义兄这位守望者的一种价值追寻和美丽诉求。

在我看来，立义兄痴迷语文，情系课堂，总是在不停地思考着语文教学的种种问题，以寻求简约有效的语文教学智慧。

他的简约语文观，大道至简，但不简单，强调"精于心而约于形"。"精于心"，就是把握住了文本的核心内容和基本特征；"约于形"，就是选择恰当的教学形式，让"教什么"与"怎么教"相契合，高度融合，让语文课瘦身、干净、丰盈。为此立义兄及领衔的团队研磨出了很多精彩的课例。

教学《夹竹桃》时，他设计了"三品"夹竹桃的韧性，从品味语言文字到感悟表达手法，从认识夹竹桃到了解作者经历，环环相扣，层层深入，学生在任务群的驱动下，学得主动，学得生动，是"简约语文"的经典课例。

教学《祖父的园子》时，他针对教材的特点和学生的实际，明确目标，精选内容，有效设问，引导学生读文悟法，走进文本，觅得文本的真味，习得表达的秘妙。

他带领小伙伴们研磨《麻雀》一课，依据习作单元课文的特殊性，指向表达，大胆取舍教学内容，巧设板块，强化语文要素，给老师们深刻的启迪。

立义兄的语文课堂始终以学生为主体，以语言学习为中心，充分发挥文本的示范作用，努力为学生营造一个学习语言运用的实践场域，把课堂的时间和空间留给学生，让学生在听说读写的语文实践活动中砥砺能力，培植语感，生长智慧。所以，从学生的发展角度来看，立义兄更是一位诚挚的儿童生命成长的守护者。三十多年来，他一直坚守着三尺讲台，播撒智慧，舞动热情，用一个个鲜活的课例诠释着自己对语文教学的理解和主张。

我时常与立义兄相聚。每每与他谈起语文教学，他总能如数家珍地畅谈自己的真知灼见。听之，我总有一种醍醐灌顶的酣畅之感。试想，一个不善于思考的人，哪能对语文教学如此理解透辟？每每走进立义兄的语文课堂，总能看到他呈现亲切自然、行云流水般的教学流程。试问，一个不善于思考的人，怎能对语文课堂如此驾轻就熟？每每读到立义兄在报刊上发表的文章，他那独到的观点、鲜活的案例、生动的语言，让我总有一种豁然开朗的敞亮。想来，一个不善于思考的人，岂能对语文教学如此见解独到？

近几年来，立义兄的名师工作室和我们六个特级教师工作室联合成立了南京"攀·灯"名师工作室联盟，我们每年坚持开展两至三场联袂教研活动，到新疆、四川等地送教，迄今已经办了二十余场活动。每次他的工作室承办的活动策划得好，组织得好，效果也好，可见立义兄做事的态度与能力，让人甚为钦佩！

诗人纪伯伦说得好："生命是一支队伍。迟慢的人发现队伍走得太快了，他就走出队伍；快步的人发现队伍走得太慢了，他也走出了队伍。"立义兄总是以思想者的姿态，大步行进在语文教学的路上。因而，他走在了队伍的前面。他以自己的智慧和才华累积起了自己思想的高度，展现出一个虔诚的语文教学思想者的魅力与风采。

行文至此，我翘首遥望天穹中的那一轮明月，心里格外敞亮。我想，立义兄追寻着"简约语文"，就是为了学生更好更快地发展，让学生的生命明亮起来。从这个角度来看，我猛然发现，立义兄就是学生心头的那一轮明月，吐洒清辉，皎洁迷人！

简约，一种优雅的境界。这是立义兄的教学追寻，也应成为我们每一个语文教学工作者的价值追寻！

附录

潘文彬治学之道

　　与文彬相交二十多年，他对教育、对语文的忠诚执着和痴迷忘我，他在语文路上的大步行进、开拓创造，给我留下了极深的印象。近十几年来，我更欣喜地看到，在他的感召下，许多青年教师以他为范，向他靠近，取得了骄人的成绩。同时也常常听到他们的由衷感叹："抬头望去，师父文彬却以远超于我的加速度更快地前行了……"（特级教师刘荃语）在追随文彬行走的实践中，他们比较、思考而渐渐醒悟："与文彬先生相比，我们在'教学'，文彬在'治学'——治学者，行得更快，攀得更高！"（特级教师杨树亚语）这些话语道出了众多青年同行的心声，很有见地。

　　治学者，追求的是境界！孔子治学有三重境界：第一境界"学而时习之，不亦乐乎"，此为"自学"；第二境界"有朋自远方来，不亦乐乎"，此为同道中人"研学"；第三境界"人不知而不愠，不亦君子乎"，此乃淡泊宁静后的"修学"。王国维先生治学也有三重境界："昨夜西风凋碧树。独上高楼，望尽天涯路。"此第一境界。"衣带渐宽终不悔，为伊消得人憔悴。"为第二境界。"众里寻他千百度，蓦然回首，那人却在灯火阑珊处。"乃第三境界。

可以说，作为小语届的一名深耕者、开拓者、治学者，文彬的治学也有三重境界。

第一重境界：语文教学道路上的苦行僧

作家路遥曾说："只有初恋般的热情和宗教般的意志，人才可能成就某种事业。"文彬亦是如此，他犹如一名苦行僧，在语文路上踽踽独行，孜孜跋涉，问道而又修道！

课堂，是教师成长的沃土。文彬曾经最爱数学，长于数学，但在入道伊始，却阴差阳错地替补起语文教师的空缺。学科安排的"缺憾"非但没有制约他的成长，反而激活了他不服输的拼劲儿。他心无旁骛地迅速浸入课堂之中，揣摩语文特性并实践语文教学。

从毛头小伙，到江苏省特级教师、首批正高级教师、江苏省人民教育家培养对象，文彬一直站在课堂中央。他始终坚持研究语文教学，设计语文教学，实践语文教学，思考语文教学。三十多年来，文彬为小语人奉献了很多经典的课例，从最初的想象作文《十年以后的河西》、阅读课《詹天佑》，到后来的《生命的林子》《爷爷的芦笛》《清平乐·村居》，每一节课例都紧贴课程改革的节拍，展示其对语文与课堂的精准把握。

文彬坚持用语文的方式教语文。他总在寻求教学的"陌生化"，让学生在课堂上听写，让学生把自己的思考写到黑板上；他在课堂上开设"超市"，给学生自由，让学生选择——选择自己喜欢的方式去朗读，选择自己喜欢的语段去精读，选择自己喜欢的习题去练习……

文彬的课堂看似如水一般无华，却总能让学生在不经意间迸发出言语的智慧。他的课堂真实、朴实、扎实，这样的课堂因为不高高在上而距离一线教师很近，能看，耐看。可学，好学。因此，在许多一线教师的语文课堂之中，我们常常能看到文彬的"影子"。

文彬的系列课例顺应语文课程改革的方向，改变更引领着一线语文老师的教学行为。反观这些课例，我仿佛看到课堂背后的那些影像：一身正装，踱着方步，他正在揣摩儿童的天性与课堂的真谛；两道剑眉，一炬目光，他已从文本的元素中洞见了言语的样式与教学的路径；满头硬发，夹杂银丝，那是文彬在语文路上一路走来所留下的皓首穷经的精神品格。

第二重境界：语文研究高地上的思想者

江苏省语文教研员李亮博士曾评价文彬为"清醒的教育者"，我深表赞同。文彬没有囿于语文教学的土壤之中，他总是适时地登上语文研究的高地去瞭望，去思考。他的瞭望，很辽远；他的思考，很澄明——文彬的确是一位"澄明的思想者"。

学习大家之言，文彬不盲从，不附庸。"被语文"的文彬很注重学习，他学习叶圣陶，学习张志公，学习于永正；他学习核心素养，学习让学思想，学习问学课堂。但是，文彬的学习不是照单全收，他善于筛选，善于扬弃，善于反刍。因此，他没有被理论束缚，没有被大家绑架；他在丰富的学习中让自己的思想明亮起来。

汲取同行之长，文彬不自负，不自封。文彬笃信"一人行快，众人行远""三人行，必有我师"，他说，"相互学习方能发展自我，合作分享方能取长补短，和而不同方能百花齐放。""青年教师虚心学习，渴望成长，鞭策着我奋力前行。"在教学与研究中，他总是以平等、谦和的态度与一线教师交流、切磋，听取大家意见。他在潜心"问学"、汲众之长的实践中，让自己的思想日益丰盈而鲜活。

酿造自己的思想，文彬不固守，不摇摆。文彬是一位"高产"的语文研究者。他笔耕不辍，发表400余篇文章；首部专著《走在语文路上》出版，然后一发不可收：《潘文彬讲语文》《潘文彬讲作文》《用语文的方式教语文》《灵动而朴素地教语文》《让"语文"成为语文》。阅读文彬公开发表的文章，浏览文彬正式出版的专著，足以窥见其教学研究的指向与走向：始终在"语文"的丛林中思想与生长。

曾经，王铁军教授问文彬："怎么没有提出一个什么语文来的？"文彬如是回答："我总觉得语文就是语文，它的内涵和外延是相当丰富的，如果在语文的前面加上某个定语，势必会把语文窄化了。"这就是文彬，教学如此，研究如此，做人亦如此——执着，清醒，澄明——这正是一名治学者应有的境界。

第三重境界：语文教师成长航道上的摆渡人

文彬很受一线语文老师的敬重，他一边做好自己的教学，一边帮助年轻人教学。面对年轻老师的邀约指导，文彬从不"耍大牌"。面对年轻老师的课堂，文彬既不吹捧，也不棒喝。他总能在寻常的细节处发现年轻老师把握教材、组织教学的闪光之处；他又能用发展的眼光为年轻老师描绘一个"不久的将来的你"。面对文彬的帮扶，年轻老师心生的是激动，付出的是行动。因此，他成为许多语文骨干教师专业成长航道上的"摆渡人"。

文彬先后经历三所学校，三所学校造就了文彬，文彬也让这三所学校成为了"生命之林"。在南湖第一小学，他牵头校内四位语文男教师组建"M4"；继M4之后，又着力打造了"F6"团队。

在南京师范大学附属中学新城小学，文彬分管教学工作，在他的引领下，语文团队围绕"让学"课堂，研究学生，研究教材，研究课堂，一批青年教师在"让学课堂"的研究中脱颖而出，他们出优课，出经验，出思考，让一所普通小学一下子声名鹊起。

在中华中学附属小学，作为校长的文彬靠前指挥，让老师研究，并与老师一起研究。他们以"儿童问学课堂"为研究载体，引导学生在"问学"中得"学问"。这一还在路上的研究，从学生出发，量体裁衣，因材施教，然后又回到学生身上。短短几年的探索，"儿童问学课堂"不仅激活了学生问的天性，更让学校老师不断地在教学中产生思想，文章频见于《江苏教育》《语文教学通讯》《教育研究与评论》等期刊，学校办学有了文化的厚度。

行走在语文路上，文彬心中始终挂着"大我"，文彬的"大我"不只瞄准校园内的"身边人"，他乐善好施于每一个有潜质、有愿景的语文人。2012年，文彬带着特级教师林春曹和市学科带头人杨树亚开展名师工作室联合主题教研，迄今这个团队已经走进了第七个年头。七年来，这个团队"不断壮大"——已经从三名领衔人发展成七名特级教师领衔下的工作室合作组织，辐射一百余名语文骨干教师；"不断丰厚"——这个团队不仅有了一个诗意的名字"攀·灯"，而且越来越多的成员已经习惯用文字输出自己的主张与想法；"不断前行"——十四次活动有鲜明的主题，有新颖的策划，有成熟的案例，有物化的思考。文彬带领下的"攀·灯"团队，已经成为青年教师成长的孵化器，成为名师工作室运行与发展的名片；而"攀·灯"团队的首席领衔人文彬，也名副其实地成为"攀·灯"团队每一个人专业发展的摆渡人。

有境界自成高格。文彬以苦行僧的姿态坚守课堂，以思想者的身份研究语文，以摆渡人的角色"普渡众生"，这是他的治学境界。

问学文彬的治学之道，正如文彬自己所言，也是想给自己专业发展以加速度，让自己得以更快地抵达彼岸。

（袁浩　全国著名语文特级教师、江苏省中小学荣誉教授，原载《江苏教育》教师发展版2019年3月第22期）

教育即理解：潘文彬教育思想侧议

　　我与潘文彬校长完全因课程与教学改革而结缘，也伴随着对学校课程与教学改革的深化而加深对他教育思想的理解。我所认识的潘文彬校长，准确地说，认识的潘文彬校长的一个侧面，是他对教育确有明晰而深刻的理解。

一、理解儿童

　　对于儿童的理解，他有一个非常简明而纯正的表达：守护天性。人类是自然之子，儿童恰是自然的幼苗。守护天性，即尊重儿童成长的内在规律；守护天性也是教育的第一法则。《礼记·中庸》开卷道："天命之谓性，率性之为道，修道之为教。"自然赋予人类的那是本性，按照自然法则使本性得以舒展才是大道，而教育正是为了把人的天性养护、培育、发展得更好。《中庸》非常深刻地阐明了教育的根本目的就是发展好他本来的自己。不仅我国古代圣贤特别强调"率性"教育，西方哲人也同样重视教育对儿童天性的滋养。裴斯泰洛齐、卢梭早就指出：儿童就是儿童，儿童有其自身特有的生命秩序。潘文彬校长的教育理念，不仅深得古今中外教育家思想家的理论精髓，更是对现实教育问题的积极回应和作为教育人的责任担当。现实的教育乱象堪忧，小学生在课业题海里挣扎、在挑灯夜战中度日，作为校长，虽不能彻改整体教育现象，但可营造自己的一方净土，撑起自己的一片天空。秉持守护天性的理念，则可让儿童在校园里度过天真烂漫的童年，也只有这样的教育才是本真教育，才是回归人性的教育。

二、理解课堂

课堂到底意味着什么？这是教师特别是校长应该搞清楚的问题。在通常的理念中，课堂是读书的地方，也是接受规训的地方。课堂确是读书的地方，但它是个集体共读、师生互读的地方，而接受规训的地方则应受到拷问。在潘文彬主持工作的中华中学附属小学，课堂是对学生有所规训的，他所谓的规训是让学生的课堂学习充溢着仪式感和庄重感。当然，潘文彬校长所理解的课堂，不仅是充溢着仪式感、庄重感的场所，也不仅是同学共读的"学习共同体"和师生互动的学习场域，同时也是"儿童自主学习、合作分享、培育情趣、生成智慧的场所，是儿童大胆创造、自由言说、展示才情、快乐成长的殿堂"。这样的课堂才是儿童的精神乐园，才是儿童热切向往、愿意久留、身心沉浸的地方。

三、理解学习

学习理解是教育理解的前提，也是教育理解的核心。对于儿童的学习，潘文彬校长有自己独特的认知和可贵的探索，但归结为一个简明的概念就是"问学"。"问学"是中华中学附属小学课堂教学的一大特色与亮点，也是课程与教学改革的入口和路径。他在《从"问学"

到"学问"》一文中，对"问"与"学"关系以及从"问"到"学"的路径有着精深独到的阐释："问，是开启知识殿堂的金钥匙；问，是发展思维的助推器；问，是生成智慧的催化剂。""问"和"学"都是儿童获取知识不可或缺的形式和方法。"问"，是对疑的一种集中与概括，即由疑而引发的一种求知、求解的愿望与要求。"问"，作为动词，是质询，是发问，是提出疑惑，以求解答。这样的"问"，既是一种思维过程，又是一种求教方法；既是一种行为方式，又是一种学习活动；既可以指向自学，又可以指向求学。"问"，作为名词，是问题，是话题，是以问题为发端，开启儿童的心智，促进儿童学习，使儿童获得生长的力量。抓住了"问"确实抓住了学习的要津，其中有深厚的儿童观和学习论的基础，具有巨大而宽广的探索空间。在这一领域，潘文彬和他的团队已有相当丰硕的理论成果和实践业绩，成为这一研究领域和实践领域的执牛耳者。作为教学专家的潘文彬在这一领域的理论思考和教学实践必将给同道者以启发和借鉴，其深远的意义和价值也必将由时间来证明。

四、理解课程

课程是学校发展的核心竞争力，完整而优质的课程建设是学校内涵发展的主要指标。基于对儿童的理解、对学习的理解、对课堂的理解，潘文彬校长在课程建设上投注了很大的精力，建设了一套从理论体系到实践运作相对完整且行之有效的校本课程——儿童问学课程。儿童问学课程由儿童问学课堂发展升华而来，"儿童问学课程强调以问为引擎、以问为主线、以问促思、以问生智、以问全性，着重培养学生质疑问难的思维品质、启用智慧的能力、勇于探索的勇气、乐于求知的精神，进而为学生的和谐、全面发展奠定基础"。为此，他们除了通过课程建设来实现对国家课程的高质量实施外，建设了形态多样、内涵丰富的校本课程。通过"科学之问、人文之问、社会之问"的问题划分，相应地构建了"通识博雅课程、学校文化课程、体验实践课程"，用以对应地为学生打好文化基础，促进学生自主发展，培养学生社会参与能力。由于中华中学附属小学的课程建设具有内生性，始于课堂教学改革的探索，源于深切而明晰的教育理念，因而课程建设不是流于形式，而是有着明确目标的学校教育的卓越践行，成为中华中学附属小学货真价实的品牌和最具特色的名片。

我认为，理解教育，是成为教育人的第一块基石，也是教育人后续发展的原动力。我常常想，教育家校长与普通校长有什么区别？大概首要的是看他对教育有没有深刻、清澈的理解，并在真正理解之后化为信仰而付诸办学实践。我在潘文彬校长身上看到了这样的一个教育家的身影，至少他已稳健而潇洒地行走在这条路上。

（黄伟　南京师范大学教育科学学院教授、博士生导师，原载《江苏教育》教育管理版2019年5月第34期）

问学之妙：儿童问学课堂的意蕴

问，是儿童接触陌生事物的第一反应，也是他们探究未知世界的基本方法。问，对于儿童来说，本身就是一种极为重要的学习内容和学习方式。"学问千千万，起点在一问。"儿童是天生的好问者，教师要善待儿童的"问"，对此《礼记·学记》中说："善待问者如撞钟，叩之以小者则小鸣，叩之以大者则大鸣，待其从容，然后尽其声。""问"是许多老师在教学中给予高效关注的，但像潘文彬老师"儿童问学课堂"做得这么风生水起的，实在不多见。文彬的"问学"之妙在哪里呢？

一、儿童向学课堂是素养型的

"儿童问学课堂"指向学生核心素养的培养，这体现在问中有"人"。"问"，闪烁着主体性的光芒。"问学"，"学"从"问"起步，是学生的主体作用决定了课堂的起点和走向，而教师的积极引导，学生的沉浸投入，则是这种课堂的重要表现。儿童问学课堂回归儿童的立场，解放儿童，呵护天性，让儿童在课堂上像儿童的样子，能够自由自在地想，无拘无束地问，快快乐乐地学。恰如沙哈尔在《幸福的方法》中提及："在一个惬意的环境中被动地生活所感受到的快乐，远远比不上那种有激情地投入在有价值的活动中，以及为目标而奋斗所体现到的满足感。"何况，在学习的情境中，被动式是难有惬意的。

儿童问学课堂能充分发挥学习者的主动性，把"问"的权利还给儿童，让儿童在学习的过程中萌"问"、想"问"、敢"问"、会"问"、乐"问"、善"问"，提出有价值的问题，产生学习探究的欲望。"问"中有"思"，"问"是围绕核心知识的学习进行的，这就使"问"具有打开思维之门的作用。"思"源于"疑"，杜威"思维五步"的第二步这样描述："使感觉到的（由直觉经验得到的）疑难或困惑理智化，成为有待解决的难题和必须寻找答案的问题。"于是，思维的爬坡就成为学科实践的主轴，这是我们在"儿童问学课堂"中常常看到的风景。

问中有"法"，问不止于"学会"，还在于"会学"。"儿童问学课堂"的"三问"：问源、问流、问法，不仅强调问的"法"，而且"问源""问流"也可以看作"问法"。皮亚杰有一句名言："不是要关注儿童走得有多快，而是要关注儿童走得有多远。"儿童问学课堂培养的学习能力是"带得走"的。显然，问中有"人"，问中有"思"，问中有"法"，形成了文彬老师团队培育核心素养的"自己的句子"。

因此"儿童问学"不是一般意义上的提问，而是一种思维品质，是一种质疑问难，是一种探索实践，是一种求知过程。它是儿童在问题的驱动下，自主学习，主动探究，围绕核心知识的运用，大胆地"问"，主动地"学"，寻求解决问题的方法和策略，在自主、合作、探究的过程中学会学习，快乐成长。

二、儿童问学课堂是项目化的

文彬老师的团队自觉地将"儿童问学课堂"置于项目化学习的领域，他们发现"儿童问学课堂"与项目化学习有诸多相同之处，比如两者既是一种教学模式，也是一种学习模式；他们都能基于儿童的视角，即儿童关心的问题都符合"儿童本位"的教学思想；两者都离不开真实的问题情境；两者都指向共享共建共情的对话或平台的建构；两者都指向儿童的全面发展等。

于是，他们以项目化学习为基本载体，开展儿童问学课堂的创造性实践。基于项目化学习，这几年很热，也有多种阐释，我还是比较赞成一种"朴素"的理解，即扣住内容、活动、情境、结果这四大要素。内容，现实生活中包括知识学习中出现的问题，它应该有知识系统性的线索；活动，学生使用一定的工具和研究方法的探究行动，具有挑战性和建构性；情境，为学生提供更丰富的更真实的学习经历，有助于促进合作，有利于学生掌握并使用工具；结果，指在学习进程中或学习结束时，学会的知识、技能，包括"学会学习"，也包括共情和价值认同。（参见刘景福、钟志贤《基于项目的学习(PBL)模式研究》，《外国教育研究》2002年第11期）儿童问学课堂正是有这四个要素支撑的，特别是给予了"活动"重要的位置，并概括出游戏性、探索性、合作性、开放性等特点。

儿童问学课堂以儿童最关心的问题为教学起点，儿童带着问题进课堂，教师通过"问学任务单"将儿童课前普遍关心的问题作为教学的核心问题，并围绕核心问题来设计教学活动，在相关教学活动中引入与教学内容相关的关键概念或核心知识，并把这些核心问题转化为驱动性问题，通过真实的学习情境，吸引并推动学生自主学习，在真实的学习实践活动中不断地走向知识的核心。从某种程度上说，驱动性问题有效连接了核心知识与人的学习活动，儿童在主动的学习过程中，不断产生新问题，同时在不断解决问题的过程中呈现自己的学习成果，在系列学习活动中提升素养。因此，儿童问学课堂的项目化实施还要有成果意识，这种成果意识决定了项目的另一个特点，就是"做"，项目化的"活动"，就是"做中学"。在儿童问学课堂中，"做"因"问"而生，因"学"而成，"做"主要是探究性的思维活动，"做"就是在真实情境中的问题解决与创新。参照"学以成人"的说法，"做"以成人就可以实现了。

三、儿童问学课堂是结构性的

项目化已经涉及结构，这里拎出来讨论，是因为儿童问学课堂中的"问"不同于一般的"问"，是将"问"置于结构之中，体现结构性甚至结构美，成为重要表征。最高阶的学习，不是获得多么丰富的知识，而是在知识的传递过程中不断地产生新的问题。儿童问学课堂，以向四面八方打开的"问"串起学生的"学"，又在"学"的过程中持续地产生新的"问"。儿童问学课堂，不以知识学习的完成为重点，而是更加追求在持续的"问"当中将思维向各个方向打开，向多个学习共同体打开，在问中更好地"学"。邓金主编的《培格曼最新国际教师百科全书》谈到课堂结构时引用了这样的观点："结构因素的共同点是他们给学校教学过程中的那个部分定下了时间和空间的限度。"这就告诉我们观察课堂结构有两个维度，时间的和空间的。时间维度一直是得到较多关注的。19世纪末德国教育家赫尔巴特将教学过程分成明了、联想、系统、方法四个阶段。此后，关于教学过程的讨论，大抵以这个表述为底本。项目化学习的四个要素有"过程"的脉动又强调相互的融合和动态的生成。文彬老师的团队在实操时将"问"贯注于"五学"之中：自主探学，分享互学，优化练学，总结理学，多元评学，也是从时间维度建构了"问学"的结构。难能可贵的是从空间维度看"问学"，带给我更多的欣喜。

第一，问学交叉形成网格式的信息传输系统。传统教学是老师对学生的单向信息传递，有所进步的也只是双向的、多向的信息传递。而儿童问学，可以"问"自己，"问"伙伴，"问"师长，"问"教材，"问"网络……凡遇到问题，要养成随时随地请教别人的习惯，让儿童认识到，不管是谁，只要能给你启发，给你帮助，都可以成为你的老师，都应该向他请教，这就构成了立体的多维的信息交流系统，课堂就成了信息畅通的学习场。

第二，问学是以小组合作为重要的组织策略。教学组合的小型化、多层次，使教学更具针对性。儿童问学课堂，以学生自己的生活为基础，打通人与人交流合作的通道，打通课堂与生活的联系，让学习也成为学生的日常生活，成为一种自发的学习组织。在这种学习过程中，学生学会了有效配合，他们会交流，会积极主动地发言，会清楚明白地表达观点，会倾听别人的观点。他们互帮互学，互相促进。他们会评价，敢于表达自己的观点，敢用发展的眼光，看待自己和伙伴的变化与进步。独立学习与小组学习相辅相成，集体性教学体制下个性化学习得到更多关照，而社会情感能力也得到更好地培养。

第三，问学之问在学生，也在老师，还在家长。恰如文彬主编的《学习就这样发生了——一百个问学故事》，故事的主人公有学生也有老师和家长，当孩子们写下属于自己的问学故事的时候，他们记录的不只是问学体验，还有对问学过程的元认知；当老师们怀揣热爱整理澎湃的问学思潮时，他们定下的不只是问学反思，更有问学智慧；当家长们主动配合、共护坚固的问学阵地时，儿童问学的时间和空间都在进一步生长，儿童的生命也在生长。这些散落在字里行间的十年问学记忆，虽然朴素，但让我们看到儿童问学课堂的开放性、生成性，特别是家长兴趣盎然地"卷入"，一下子就大大拓宽了课堂的空间。

多年来，我力主"课堂向四面八方打开"，文彬无疑是知音，开放的课堂才是生气勃勃的，这种结构的张力，让我们感受到创造的力量。当然，恰如恩格斯所说："一切存在的基本形式是空间和时间，时间以外的存在和空间以外的存在，同样是非常荒谬的事情。"（《马克思恩格斯选集》，中央编译局译，人民出版社1995年出版）从时空整合的角度看儿童问学课堂的结构，让学生站在中央，多元主体对课堂的共建共享，在动态生成中创造积极可能性，等等，许多的意蕴是值得我们回味的。

（杨九俊　著名特级教师、全国教育科学规划基础教育组专家、教育部基础教育课程教材专家委员会委员，原载《江苏教育研究》B版2022年第12期）

儿童问学课堂：还学习本来的样子

　　潘文彬老师作为特级教师和学校教育的管理者，以学生成长作为自己的教育人生理想和精神追求。2013年，潘文彬老师组织老师们就"儿童问学课堂"的主张做教学改革专题研究，近十年研究成果不断提升，教师的教学改进、学生的学习成长日新月异、万紫千红，其成果凝聚在新作《还学习本来的样子：潘文彬儿童问学课堂十讲》中。生命不能改变一切，教育人需要坦然面对现实，只管耕耘，不问收获。教育人的价值追求在哪儿？既遵循教育正道，又有自己的独特见解和主张，在真诚的实践中使自己操作的教育的成效更好。

　　潘文彬老师的教育主张是创立"儿童问学课堂"，既注重"问学"的理论性研究，又亲身上课实践，和儿童"问""学"交流，同学共进，教学相长。为了"还学习本来的样子"，面对"儿童问学课堂"，潘文彬老师在书中做了十讲，每一讲还有自己的经典课例。他的理念是"回归语文的本体，回归学习的本质，回归课堂的本真"。人生存于世，无非就是做事。为了家庭，为了专业，为了文艺，为了科技，为了管理等，都需要做好事。怎么做好事呢？中国古代核心思想的关键价值之一是"本"。"本立而道生。""物有本末，事有终始，知所先后，则近道矣。""中也者，天下之大本也；和也者，天下之达道也。"潘文彬老师做好教育教学的理念就是"立本思维"——"回归本体、本质、本真"，具有普遍性的教育价值观。作为语文特级教师，潘文彬老师"儿童问学课堂"的语文教学观念为"三本"——学生为本，问题为本，语言为本。

一、学生为本，为学而教

潘文彬老师认为："儿童问学课堂，就是以学生自己的'学'为核心，彰显学生的主体性，让学生站在课堂的中央，成为学习的主人；儿童问学课堂，以现实的、有趣的、探索的情境来展开学习过程，突出学生学习的实践性，让学习真实发生；儿童问学课堂，以学生自己的生活为基础，打通课堂与生活的联系，让学习也成为学生的日常生活，成为一种生活的享受。"

在经典课例《我的拿手好戏》的教学中，潘文彬老师激励学生说："你的拿手好戏是什么呢？请打开你封存的记忆。"这样的提问，激发了学生的兴趣，学生从自己的生活实践出发，有趣味地说出自己的拿手好戏——"跳舞，唱歌，画画，剪纸，变魔术，做面食，挑西瓜……"学生还说出自己的"神奇""不神奇"，这样"以学生自己的'学'为核心"，既是对生活的享受，又以生活为背景锻炼了自己的语言表达能力。

潘文彬老师"回归学习的本质"就是"为学而教"，为了学生的学习成长进行教育教学。教学生，教的是每一个具体的活生生的学生：基础、家境、个性、特长等都不一样。教师面对的现实是教情形不同的学生，而不是教抽象的、概念化与符号化的学生。教师要关心他们，帮助他们，指导他们，为每位同学都有所进步、为促进他们成长而服务。潘文彬老师以生为本、为学而教的教学实践和研究体现在"四主""五让"：从学习角色看，学生是课堂的主人；从学习状态看，学生要主动学习；从学习过程看，学生的学习活动是教学的主线；从学习效果看，学生的学习效果是评价教学的主要依据。在课堂教学过程中，教师要少讲，让出时间，不妨碍学生具有充分的学习经历；让学生读、写、思、交流等，经历自主学习的过程；让学生表达，讲自己的感受、理解、思路、方法等；让学生问思，提问、猜测、推想、探究等；让学生有自己的发现，自己的理解和收获。

二、问题为本，问学而进

潘文彬老师的"问学"为的是什么呢？在学习的过程中，带着问题思考、理解和实践。思考的基础在于问题，提问就是开放思维，带着问题去思考，阅读才有一定的深度理解。伽达默尔说："如果没有问题被提出，我们是不能有经验的。每一个突然想法都具有一种问题的结构。"（《真理与方法》）为了激活学生的思维，潘文彬老师在课堂教学上让学生自己发现问题、提出问题，通过思考、讨论解决问题。经历这样的"问学"过程，学生不仅获得了知识，思维能力也不断提升，从而推动语文核心素养落实到位。

在《什么比猎豹的速度更快》的教学中，从"什么"的问题角度，潘文彬老师引导学习提问而思学。他说："'学贵有疑，小疑则小进，大疑则大进。'再次默读课文，边读边想，提出自己感兴趣或不懂的问题。可以在课文的相关地方打上问号，表明那个地方有问题。"这样的问题引导，启发了学生语文学习的好奇心和求知欲，学生通过提问、思考和交流，拓展了阅读的广度和深度。经历了"问学"的过程，潘文彬老师鼓励弟子们："同学们，读书的过程也是一个引发我们思考的过程，是一个发现问题、解决问题的过程。这就是阅读带给我们的乐趣。"

三、语言为本，素养提升

就语文学科的"儿童问学课堂"，潘文彬老师以"问学"的方式，以学生学习语言文字为本，发展学生的语文核心素养。他认为："特别的语言有着特别的趣味，特别的语言有着特别的魅力，特别的语言表达着特别的情感。所以，阅读时，我们要留意那些形式特别的语言。"在潘文彬老师的引导下，小学生以品味语言为核心阅读《祖父的园子》。"哪里会溜得准，不过是东一脚西一脚地瞎闹。有时不但没有把菜种盖上，反而把它踢飞了。"在这句话里，学生关注了两个关键词"踢飞""瞎闹"，从这两个词，学生感受到了"我"童年生活的情趣，自由、快乐。从用语的角度，潘文彬老师引导学生感受到用生动的词语才能表达自己的真情。从美感的角度，学生由语言文字感受到了"我"童年的生活幸福。潘文彬老师在组织学习阅读宋词《清平乐·村居》时，从语言文字的意味让学生感受到"天下太平、国泰民安"的中华古代文化。

子曰："不知言，无以知人也。"言为心声，人心是通过语言表露出来的。任何语言都是人生存的表达，都是人心的表露。为了更好地表达，作者"编码"时借助了修辞和表达方式；作为阅读的解码，同样需要通过修辞和表达方式，在语言的丛林里审问、发现，由语言追思人、追思人心，再由人、人心追思语言表达。思维、文化、审美都离不开语言的学习、实践和运用。

怎样培育语文核心素养呢？潘文彬老师在语言的"问学"中点燃文本，点燃语言，用语言的光辉点亮孩子的心扉，语文的核心素养——文化自信，语言运用，思维能力，审美创造——自然落实到位。

语文教学的本真就是在学习语言文字运用的实践过程中，在学生的精神世界里留下语言，留下形象，留下情感。形象是感受、理解、运用语言的重要背景；情感与感受、理解、运用语言相依相伴；语言是语文教学的根本和归宿，是语文核心素养的根。有了对语言的感受、理解、品味和积累，情感、思维、价值观、品德修养、审美情趣等才会从这个根上长出来。语文课无疑要帮助学生提高理解、运用语言这个工具的能力。

潘文彬老师全面科学地看待语言文字的学习——"体会语言文字的意味和情味，揣摩语言文字的分寸和美感，感受语言文字的张力和魅力，探索发现语言文字的特点和语用规律。"语言是语文核心素养的根基。语言这个工具不是客观的，语言本身就包含着思想和情感，包含着人类的文化、历史、精神和传统。学习语言与继承人类传统文化是统一的。有些语文教学的误区在于忽略了语文知识、能力、素养的统一和整合，只把重点放在了对课文内容的理解和语文知识的教学上，忽视了对语言本质的学习——感悟语言，积累语言，运用语言——以整合语文知识、能力和人文素养。因此，只有充分认识到"儿童问学课堂"语文教学的根本任务是提高学生的语文核心素养，形成语文核心素养的根本途径是学习语言，才能真正提升语文教学的质量。

（何伟俊　江苏省兴化市教师发展中心小学语文教研员，原载于2022年11月23日《中国教育报》第10版。）

后记

　　时光荏苒，如白驹过隙。弹指间，我从事教育工作已近四十年。改变的是岁月和容颜，不变的是初心与追寻。

　　值得骄傲的是，我生活在一个伟大的时代。这个时代，搭建了多元而优质的舞台，让我在融入时代的进程中，能够感受到改革开放所带来的美好与幸福。所以，我要感恩这个伟大的时代。

　　感到自豪的是，我从事着一个崇高的职业。这个职业，担当着培育时代新人的责任，让我在尽职尽责的工作中，能够享受到教书育人这个职业的神圣与快意。因此，我要庆幸当初选择教师这个职业。

　　倍感幸福的是，我执教着一个天生重要的学科。这个学科，承载着丰富的文化意蕴和精神价值，让我在语文教育的过程中，能够体会到语文课程所具有的迷人风采和独特魅力。故而，我要感谢那位使我能与语文相伴一生的校长。

当然，最让我引以为豪的是，这些年，我把课堂视为自己的安身立命之本，一直坚守在课堂教学一线，与活泼的儿童生活在一起，共度教学相长的美好时光；同勤奋睿智的教师研究在一起，共享因材施教的育人智慧。我正是在这个过程中慢慢地成长了起来。因而，我要感谢亲爱的儿童和敬爱的老师，是他们给予了我教育教学的灵感和智慧，激励与鞭策我在平常的日子里，在平凡的工作中，学会学习，学会思考，学会合作，把课上到儿童的心坎里。

我把自己近四十年的探索历程和成长感悟整理成这本书奉献给一线的教育同人，期盼能给我的教育同人们带来些许思考和启发。这本书里的文章都曾公开发表于各类报纸杂志，有些是卷首语，有些是连载的文章，还有些是专家评述的文章。在整理书稿的过程中，我的脑海里时常冒出《礼记·学记》中的一句话："善待问者如撞钟，叩之以小者则小鸣，叩之以大者则大鸣。"这里的"钟"，就是大自然和万物运行的规律。可不是吗，教育其实就是一个叩钟的过程，即为叩问教书育人的方法和途径以及探寻教育的基本规律和学生身心发展的基本特点的过程。于此叩之愈大，则鸣之愈亮，效果愈佳。这是常识，乃为教育之道也。这么多年来，我一直秉持这样的常识，初心不变，并且在平常的教育教学中探求之，践行之。于是，我就把这本书命名为《叩钟问道：一位特级教师的初心与追寻》，以此激励自己要不忘初心，在教书育人的道路上叩钟问道，砥砺前行。希望此书能够得到教育同人们的认同和喜欢。

由于学识浅薄，我的这些探索和思考还很肤浅，甚至还会有些不妥和错误。热切盼望教育同人们有以教之，扶我前行！

屈原有诗云："路漫漫其修远兮，吾将上下而求索。"我将始终以此勉之，行稳致远。

潘文彬

癸卯年孟春于南京龙江学堂

图书在版编目（ＣＩＰ）数据

叩钟问道：一位特级教师的初心与追寻／潘文彬著
. — 太原：山西教育出版社，2023．7
ISBN　978-7-5703-3400-1

Ⅰ．①叩…　Ⅱ．①潘…　Ⅲ．①教育—随笔—中国—文集　Ⅳ．①G52-53

中国国家版本馆 CIP 数据核字（2023）第 119080 号

叩钟问道：一位特级教师的初心与追寻
KOUZHONG WENDAO：YIWEI TEJI JIAOSHI DE CHUXIN YU ZHUIXUN

责任编辑　刘继安
复　　审　王介功
终　　审　闫果红
装帧设计　陈　晓
印装监制　蔡　洁

出版发行　山西出版传媒集团·山西教育出版社
　　　　　（太原市水西门街馒头巷 7 号　电话：0351-4729801　邮编：030002）
印　　装　山西新华印业有限公司
开　　本　720mm×1020mm　1/16
印　　张　16
字　　数　192 千字
版　　次　2023 年 9 月第 1 版　2023 年 9 月山西第 1 次印刷
书　　号　ISBN　978-7-5703-3400-1
定　　价　63.90 元

如发现印装质量问题，影响阅读，请与山西教育出版社联系调换，电话：0351-4729718。